Deutsch international 3

Arbeitsbuch

Cornelsen

Deutsch international 3
Arbeitsbuch

im Auftrag des Verlags erarbeitet von
Jürgen Weigmann (Hrsg.)

Redaktion:
Dagmar Garve, Lutz Rohrmann

Lay-out und Umschlaggestaltung: Regelindis Westphal
Illustrationen: Laurent Lalo

 http://www.cornelsen.de

1. Auflage   €   Druck 5 4 3 2 1   Jahr 05 04 03 02 01

© 2001 Cornelsen Verlag, Berlin
Das Werk und seine Teile sind urheberrechtlich geschützt.
Jede Verwertung in anderen als den gesetzlich zugelassenen Fällen
bedarf deshalb der vorherigen schriftlichen Einwilligung des Verlages.

Satz und Litho: Satzinform, Berlin

Druck: CS-Druck Cornelsen Stürtz, Berlin

ISBN 3-464-20941-5

Bestellnummer 209415

 Gedruckt auf säurefreiem Papier,
umweltschonend hergestellt aus chlorfrei gebleichten Faserstoffen.

INHALTSVERZEICHNIS

4	LEKTION	1	DAS WIEDERSEHEN IN DRESDEN
12	LEKTION	2	NORMA
20	LEKTION	3	FLORIAN
28	LEKTION	4	STADT UND LAND
36	LEKTION	5	MEDIENGESCHICHTEN
44	LEKTION	6	TYPISCH DEUTSCH?!
52	LEKTION	7	SO VIEL FREIZEIT
60	LEKTION	8	EIN TAG IM LEBEN DER LOLA RICHTER
68	LEKTION	9	ERFINDER
76	LEKTION	10	HEIMAT EUROPA
84			CHRONOLOGISCHE WORTLISTE

LEKTION  DAS WIEDERSEHEN IN DRESDEN

A ■ Das Jugendzentrum Checkout

 1 Kurzporträts

a) Schreibe kurze Texte über die Gruppe aus dem JUZ, ohne im Buch nachzuschauen.

Lola: Homepage – Chatroom – neue Sprachen (z.B. Japanisch) – Computersprachen – selbstbewusster Typ

Florian: Rostock – Krankenhaus – Zivildienst – Bundeswehr – keine Freundin – hübsche Praktikantin – auf der Suche

Niko: Litauen – Vater bei Siemens – Stelle in München – 12. Klasse – Abitur – Freunde in Dresden – Heimweh

Norma: Mutter aus Tansania – Vater Deutscher – Lehre als Mediengestalterin – Köln – Drehbuch für einen Film – technischer Beruf – romantischer Typ

Annie: 8. Klasse – Schulband – CD mit eigenen Songs – Mode – Künstlerin – Problem: Mathe/Physik

Theo: 10. Klasse – keine Ahnung von nichts – Abitur? – Geld verdienen – guter Job

b) Schreibe nun ein Kurzporträt über dich.

_____

_____

_____

_____

_____

2 Das Netz-Rätsel

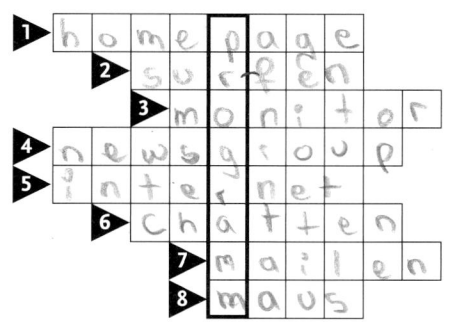

Waagerecht: / Horizontal

1. Die Leitseite. Unter dieser ... findet ihr Informationen zu Deutsch und den deutschsprachigen Ländern: www.goethe.de
2. Früher nur auf dem Wasser möglich. Heute tun es mehr Menschen im Netz.
3. Ohne ihn könnte man im Netz nichts sehen.
4. Hier werden Nachrichten ausgetauscht.
5. Das Netz der Netze.
6. Früher hat man sich unterhalten, heute nennt man das so.
7. Einen Brief elektronisch verschicken.
8. In der Natur ist sie grau und frisst gerne Käse. Hier steuert sie den Pfeil auf Nr. 3.

Senkrecht:
Ein Computer wäre ohne das ... nicht zu gebrauchen. „Word" ist eins oder „Excel" oder „Netscape".

Crossword answers: 1. homepage, 2. surfen, 3. monitor, 4. newsgroup, 5. internet, 6. chatten, 7. mailen, 8. maus

3 Fragen an das JUZ-Forum. Ordne die passenden Antworten zu.

1. [d] Wo ist euer JUZ eigentlich?
2. [a] Wer macht bei euch die Homepage?
3. [c] Was ist eigentlich los in eurem JUZ? Was kann man da so machen?
4. [b] Kann jeder bei euch mitmachen oder muss man erst Mitglied werden?

[a] Lola natürlich, wer sonst?
[b] Na klar, du brauchst einen Ausweis, musst jeden Monat dafür bezahlen und immer brav kommen. Sonst geht bei uns nix. Da sind wir ganz streng.
[c] Rumhängen, quatschen, Tischtennis spielen, nette Leute kennen lernen, na ja und gute Ideen mitbringen.
[d] Kannst du nicht lesen? Steht doch auf der Homepage. Also noch mal: 01259 Dresden, Bahnhofstraße 21.

4 Ergänze die passenden Ausdrücke. Es sind verschiedene Lösungen möglich.

1. Sie möchte gerne ...
2. Ich hoffe ...
3. Wenn ich bloß wüsste ...
4. Wie soll sie ...
5. Er weiß nicht ...
6. Sie würde gerne ...
7. Ich träume davon ...
8. Es wäre schön ...

[a] _Ich hoffe_, ein berühmter Filmstar zu werden.
[b] _Sie würde gerne_ jeden Tag einen Wunsch freihaben.
[c] _Sie möchte gerne_ einmal eine Reise nach Paris machen.
[d] _Es wäre schön, oder ich hoffe_, dass ich nie schwer krank werde.
[e] _Wie soll sie_ es ihm nur sagen?
[f] _Wenn ich bloß wüsste_, ob sie wirklich kommen wird.

LEKTION 1 fünf

5 Ergänze die passenden Verbformen und *zu*, falls notwendig.

1. Annie __hofft__ (hoffen), eine eigene CD __machen zu können__ (machen können).

2. Wir haben __beschlossen__ (beschließen), uns den Film „Dinosaurier" im JUZ __anzuschauen__ (anschauen).

3. Norma hat __vorgeschlagen__ (vorschlagen), nächsten Monat zusammen für ein Wochenende nach Rügen __zu fahren__ (fahren).

4. Theo: __hör__ endlich __auf__ (aufhören), mir __Ratschläge zu geben__ (Ratschläge geben)! Ich weiß, dass es nicht leicht ist, einen Job zu finden.

5. Ich __rate__ (raten) dir, deine Schulden __zurückzuzahlen__ (zurückzahlen), sonst bekommst du bestimmt Ärger mit Theo.

6. He, Norma, __vergiss__ (vergessen) nicht, deine Videokamera __mitzubringen__ (mitbringen).

7. Hast du Lola nicht __versprochen__ (versprechen), morgen mit ihr für unsere Fete __einkaufen zu gehen__ (einkaufen gehen)?

8. Lola hat gestern __begonnen__ (beginnen), die Homepage neu __aufzubauen__ (aufbauen). Die wird jetzt echt super.

6 Bastian Böttcher: *Computec*

Lies den Text und notiere alle Wörter, die du aus deiner Sprache (oder vom Englischen) kennst.

das netz lockt. ich log mich ein.
ich klick' den klein' startbutton.
ich bin im nu im menü drin.
ich lad' den netscape navigator.
der cyberspaceinvader hat die welt
in seinen händen wie darth vader.
auf diese weise reise ich schon lange
durch das world wide web
und ich gelange mit links in fremde länder,
denn ich zapp mich die links entlang.
so gelingt mir der zugang zu gedankengängen anderer.
ich, der rastlose wand'rer chat im net, check die netiquette,
hack was aus, browse weiter in die usenet newsgroups,
cruis' durch f.a.q's von jesus, jusos und usergroups.
ich tu's mit der konsole aus dem digi-tal.
aus'm silicon valley mit drag&drop und plug&play.
bei meiner rallye auf dem digitalen datendeck
lad' ich schwer verschärfte shareware weg.
und zwar mit hi-tech.
ich bin immer noch online und zieh mir chips rein.
zieh bytes und bits durch den mikrochip in zips rein.
zieh auf meinem trip durch das hypertextgeflecht
an allerlei dateien vorbei. da sind datenkarteien dabei.
ich taste mich per tastatur durch die textur.
tour durch wilde gefilde des web. www.rap.de!
zapp zu meiner mailbox: zentrifugal@iname.com.
computer kommunikation und cd-rom.
kommerz bekommt immer mehr megahertztaktfrequenz.
bleib' kompatibel und up-to-date mit updates!
auch wenn's mit dem modem im modernen medium
nur mit medium geschwindigkeit weitergeht,
sind die plugins installiert und pin-codes generiert.
mit shockwave komprimiert werden midi-sounds minimiert.
lad' diesen track mit dem dritten mpg und wirf dich weg!
mit hi-tech.

B ■ Das Treffen

1 Suchrätsel. Du kannst mehr als 20 Wörter zum Thema „Essen" finden. Notiere die Nomen mit Artikel.

der Zwiebelkuchen

K	Z	R	T	P	F	I	R	S	I	C	H	R	S	H
J	L	W	E	F	S	C	H	I	N	K	E	N	C	Y
D	Q	J	I	L	C	E	C	L	F	Y	G	H	O	
M	Z	N	G	E	S	E	F	J	F	K	K	U	N	H
N	D	A	E	N	B	Z	I	E	Ö	L	R	R	I	B
O	X	C	M	R	P	E	F	S	L	H	Ä	K	T	A
S	B	H	Ü	T	U	P	L	S	C	Ä	U	E	T	N
M	S	T	S	E	D	F	I	K	U	H	T	B	L	A
N	E	I	E	T	D	U	I	Z	U	N	E	U	A	N
R	N	S	X	K	I	W	I	W	K	C	R	D	U	E
Y	F	C	T	X	Z	F	I	S	C	H	H	U	C	S
K	A	H	E	E	G	Z	U	C	K	E	R	E	H	N
E	R	D	B	E	E	R	E	K	C	N	H	Q	N	W
M	E	X	V	E	G	E	T	A	R	I	S	C	H	J
I	U	F	L	G	P	E	T	E	R	S	I	L	I	E

2 Komposita. Was passt zusammen?

Bohnen		*der Bohnensalat, die Bohnensuppe*
Erdbeer		
Wurst		
Käse	salat	
Herings	platte	
Zwiebel	kuchen	
Gulasch	suppe	
Nudel		
Kartoffel		
Thunfisch		
Tomaten		

3 Was passiert hier? Schreibe je einen Satz wie im Beispiel.

1. Der Kuchen wird _gebacken_

4. Die Soße _wird_ _abgeschmeckt_

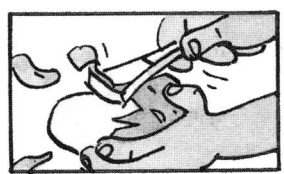
2. Die Kartoffel _werden geschält_

5. Das Steak _wird_ _gebraten_

3. Die Nudeln _werden_ _gekocht_

6. Die Gurke _wird_ _geschnitten_

4 Kartoffelsalat mit Speck. Ergänze die Verben.

~~waschen~~ – kochen – schälen – schälen – schneiden – schneiden – gießen – anbraten – würzen – vermischen – vermischen

Ca. 750 g Salatkartoffeln **waschen** und 25 bis 30 Minuten in Salzwasser _kochen_.

Dann die Kartoffeln abgießen, _schälen_ und in feine Scheiben _schneiden_. Zwei kleine Zwiebeln _schälen_ und in kleine Würfel _schneiden_. Einen Esslöffel Salzwasser mit den Zwiebelwürfeln, etwas Zucker, Pfeffer und Brühe _vermischen_ und über die Kartoffeln _gießen_; die Flüssigkeit nach einigen Minuten wieder abschütten. 150 g Speckwürfel in der Pfanne _anbraten_.

Für die Salatsoße 3 Esslöffel Öl mit 3 Esslöffeln Essig verrühren und mit Salz, Pfeffer, Zucker und Senf _würzen_.

Die Kartoffelscheiben vorsichtig mit der Soße _vermischen_. Anschließend den Speck dazugeben.

5 Am Büfett. Ordne den Dialog. Kontrolliere mit der Kassette.

☐ Sonst nichts?
☐ Nein, das reicht.
☐ Ich weiß überhaupt nicht, was ich nehmen soll.
☐ Probier doch mal die Gulaschsuppe.
☐ Ja, aber was? Am liebsten hätt ich gern was Vegetarisches.
☐ Nee, Suppe mag ich nicht. Gulaschsuppe ist mir zu fett.
☐ Quatsch, aber wenn du Suppe nicht willst, dann nimm halt was anderes.
☐ Na hör mal, ich mag Salat. Das schmeckt richtig frisch und macht nicht dick.
☐ Um Gottes willen! Du musst doch was Richtiges essen und nicht nur Grünzeug!
☐ Von mir aus, dann nimm halt den Reissalat mit Thunfisch.
☐ Das ist doch kein richtiger Salat, Mann. Außerdem ist Fisch eklig. Ich glaube, ich nehme den Gurkensalat.

6 Hier wird über Niko geredet. Ergänze die fehlenden Teile.

◆ Kannst du dich noch an _____?

● Na klar, der war doch früher auch immer im JUZ. Der _____
_____?

◆ In München? Warum denn da?

● Sein Vater _____.

◆ Arbeitet der nicht bei VW?

● _____.

◆ Geht Niko immer noch in die Schule?

● _____.

◆ Dann macht er nächstes Jahr sein Abitur.

● Hoffentlich.

7 Noch ein Rezept für euer Party-Büfett

Käsekuchen

Zutaten:
250 g Butter
200 g Zucker
2 Päckchen Vanillezucker
4 Eigelb
1 kg Magerquark
25 g Mehl
50 g Hartweizengrieß
3 EL Zitronensaft
4 Eiweiß
75 g Rosinen

Zubereitung:
Butter in einer Rührschüssel schaumig rühren. Nach und nach Zucker, Vanillezucker und Eigelb zufügen. Quark unterrühren. Mehl mit Grieß mischen und abwechselnd mit Zitronensaft unter die Quarkmasse rühren. Eiweiß steif schlagen und zuletzt mit Rosinen vorsichtig unter die Masse heben. Masse in eine Springform (Ø 26 cm, Boden gefettet, mit Backpapier belegt) füllen, glatt streichen und sofort backen. Im vorgeheizten Ofen bei 170° C (Heißluft 150°, Gas Stufe 3, nicht vorgeheizt) etwa 60 Minuten backen. Kuchen nach dem Backen noch 15 Minuten im ausgeschalteten Backofen stehen lassen. Dann den Rand mit einem Messer lösen. Kuchen in der Form erkalten lassen. Guten Appetit!

Zusammenfassung

SO FUNKTIONIERT ES

1 Wichtige Konjunktionen

a) Ergänze die Konjunktionen.

1. Lola geht noch in die Schule ___und___ sie engagiert sich im JUZ.

2. Nachmittags ist sie ___entweder___ im JUZ ___oder___ sie fährt Rollerblades.

3. Annie ist nicht so gut in der Schule, ___wenn___ sie macht lieber Musik als Mathe.

4. Annie macht ___zwar___ lieber Musik, ___aber___ jetzt muss sie Mathe lernen.

5. Annie interessiert sich ___nicht___ nur für Musik, ___sondern___ auch für Mode.

b) Konjunktionen, die Haupt- und Nebensätze verbinden. Schreibe die Sätze ins Heft und ergänze dabei die passende Konjunktion.

> Ich war sehr traurig, als wir von Dresden weggingen.

	Ich war sehr traurig,		wir von Dresden weggingen.
	ich nach München zog,		habe ich in Dresden gewohnt.
	Wir haben in Dresden gewohnt,		mein Vater eine Stelle in München bekam.
	Ich kann nicht kommen,	seit	ich mir ein Bein gebrochen habe.
	du auch zur Party nach Dresden kommen kannst,	als	leihe ich dir 50 Euro.
Bevor	Lola behauptet,	dass	Jungs keine Ahnung von Computern haben.
Damit	die Schule fertig war,	während	sind einige aus Dresden weggezogen.
Obwohl	Ich weiß nicht,	wie	ich wirklich Abitur machen soll.
Nachdem	der Zivildienst hart ist,	da	will Florian nicht zum Militär.
Wenn	Florian wohnt in Rostock	ob	er den Zivildienst begonnen hat.
	Er hat fast keine Minute Freizeit,	bis	er im Krankenhaus arbeitet.
	Norma wohnt jetzt in Köln,	weil	sie dort eine Lehre macht.
	sie fertig ist,		will sie vielleicht in Dresden beim Fernsehen arbeiten.
	Theo weiß nicht,		er das Abitur schaffen soll.

2 Infinitiv mit *zu*

Ich hoffe, in zwei Jahren Abitur (machen).

Ich hoffe, in zwei Jahren Abitur zu machen.

Ich hoffe, in zwei Jahren das Abitur (bestehen / haben).

Ich hoffe, in zwei Jahren das Abitur bestanden zu haben.

Ich werde versuchen, die Klasse nicht (wiederholen).

Ich werde versuchen, die Klasse nicht zu wiederholen.

Ich hoffe, die Klasse nicht (wiederholen müssen).

Ich hoffe, die Klasse nicht wiederholen zu müssen.

Prüfungsvorbereitung

SCHRIFTLICHER AUSDRUCK (BRIEF)

Ein Brieffreund braucht einige Informationen über dein Land für seine Freunde. Er schreibt:

> Liebe(r) ...,
>
> vielen Dank für deinen Brief, den ich gestern bekommen habe. Ich werde ihn nächste Woche beantworten. Jetzt habe ich eine Bitte. Ein paar Freunde von mir wollen im Sommer nach ... reisen. Sie haben jetzt gerade mit den Vorbereitungen angefangen und möchten gerne wissen, worauf sie besonders achten müssen. Sie haben natürlich nicht so viel Geld und wollen möglichst billig übernachten. Wie fährt man am besten von einem Ort zum anderen (Bus? Bahn?)? Bei uns gibt es billige Bahntickets für Jugendliche, gibt es das bei euch auch? Kannst du ihnen auch ein paar Tipps geben, was man sich auf jeden Fall ansehen soll? Und wie sieht es mit der Kleidung aus? Vielleicht fallen dir ja noch mehr Sachen ein. So weit erst mal für heute. Deinen Brief beantworte ich dann, wie gesagt, nächste Woche.
>
> Alles Liebe
>
> Dein Marc

Beantworte den Brief. Schreibe etwas zu allen Fragen, die dir dein Brieffreund gestellt hat. Du musst aber nicht alle vollständig beantworten. Schreibe auch eine passende Einleitung und einen passenden Schluss.

LEKTION 2 NORMA

A ▪ Eine Reportage über Dresden

1 Ergänze den Text. Bei etwa jedem zweiten Wort fehlt fast die Hälfte.

Norma, die eine Reportage über Dresden machen will, befragt einige Leute auf der Straße. Sie will wissen, was man dem Zuschauern von Dresden zeigen sollte. Eine ältere Dame möchte vor allem die Probleme zeigen, die seit der Wende [die Mauer von Berlin] in die Stadt entstanden sind. Ihr Mann möchte lieber den Großen Garten zeigen, der direkt im Zentrum liegt. Eine Studentin schlegt vor, die Sempergalerie [ein Museum] zu filmen, in den viele Gemelde von berühmten Malern hängen, oder die Brühlsche Terrasse, auf der die Bürger erst seit 1814 einen Spaziergang machen dürfen. Auch die Szeneviertel in der Neustadt, in der viele neue Lokale seit der Wende entstanden sind, ist sicher sehenswert. Aber man muss auch über die Probleme berichten, die die Stadt heute hat.

2 Ein Quiz. Ordne die passenden Relativsätze zu und ergänze die Namen der Sehenswürdigkeiten.

1. Die Fabrik, [f] heißt — Gläserne Manufaktur.
2. Die Galerie, [e] heißt — Sempergalerie
3. Der Park, [c] ist der — Großgarten
4. Die Terrasse, [b] heißt — Brühlsche Terrasse
5. Der Markt, [a] ist der — Striezelmarkt
6. Das Stadtviertel, [d] heißt — Neustadt

Relativsätze
[a] auf dem es berühmte Dresdner Spezialitäten zu kaufen gibt,
[b] auf der seit 1814 auch normale Bürger spazieren gehen dürfen,
[c] in dem sich die Dresdner von den Abgasen der Autos erholen können,
[d] in dem viele neue Restaurants entstanden sind,
[e] in der viele Bilder von Rembrandt zu sehen sind,
[f] in der Volkswagen Luxusautos produziert,

3 Ein Spaziergang durch Dresden. Ergänze die fehlenden Adjektivendungen.

Auf 25 km Länge fließt die Elbe durch Dresden. Die schön___ Flusslandschaft mit ihren sanft___ Hängen und saftig___ Wiesen, aber auch das harmonisch___ Wechselspiel zwischen Architektur und Natur begeistern seit Jahrhunderten die Dresdner und die Besucher der Stadt.

1 Zwanzig Fußminuten vom geschäftig___ Zentrum entfernt liegt im Altstädter Elbbogen das „Ostragehege". Alleen laden zum Spaziergang ein, groß___ Wiesen prägen das geschützt___ Gebiet bis zum Ufer der Elbe.

2 Wenig___ Bäume, dafür viel___ Wiesen bietet das Neustädter Elbufer. Im Sommer holen sich die Dresdner hier ihre braun___ Hautfarbe, im Herbst fliegen bunt___ Drachen. An den Treppen unterhalb des Finanzministeriums gibt es im Sommer ein modern___ Freiluftkino und viele ander___ Veranstaltungen.

3 Stadtauswärts kommen wir zur Drachenschänke. Wer zur richtig___ Zeit Lust auf fröhlich___ Volksfeste hat, kann hier mit der Fähre nach Johannstadt zur »Dresdn___ Vogelwiese« übersetzen.

4 Den kurz___ Aufstieg zum Waldschlösschen sollte man nicht verpassen. Von dort bietet sich ein fantastisch___ Ausblick auf Elbe und Altstadt.

4 Indirekte Fragen. Ergänze die Fragepronomen.

ob – ob – was – was – wie

1. Norma will herausbekommen, _was_ in Dresden heute wirklich passiert.
2. Sie fragt sich, _ob_ die Arbeitslosigkeit heute größer ist als früher.
3. Die Bürger möchten wissen, _wie_ (ob) die Gewalt in der Stadt zugenommen hat.
4. Es wird darüber diskutiert, _wie_ man die Umwelt besser schützen kann.
5. Wir alle sollten uns fragen, _was_ wir gegen die Gewalt tun können.

5 Ein Zeitungsartikel

a) Lies die Überschrift. Worum könnte es gehen? Kreuze an.

1. ☐ um eine Konferenz zum Thema „Laufen"
2. ☐ um ein Autorennen
3. ☒ um ein großes Sportereignis

> *anniversaire*
> **Jubiläum:**
> **10. Internationaler AOK-CityLauf**
> **vor neuem Teilnehmerrekord**

b) Lies nun den Text und löse dann die Aufgaben unten.

Mit einem Jubiläum startet die deutschlandweite CityLauf-Saison. Am 25. März wird in der sächsischen Landeshauptstadt der Internationale AOK-CityLauf zum 10. Mal ausgetragen. Die Strecke führt quer durch die historische Altstadt, vorbei an Semperoper, Hofkirche und Fürstenzug. Start und Ziel befinden sich wie jedes Jahr am Kulturpalast.

Für den Jubiläumslauf erwartet der Veranstalter, der Kreisverband für Leichtathletik Dresden e.V. in Zusammenarbeit mit der Dresdner Stadtverwaltung, einen neuen Teilnehmerrekord. Er rechnet insgesamt mit über 2.000 Teilnehmern, wobei über 1.000 Läufer im Hauptlauf über 10 km an den Start gehen werden. Zum Jubiläum sind voraussichtlich auch neue Streckenrekorde zu erwarten. Zu den Preisgeldern für die Sieger des Hauptlaufes kommen erstmals auch Prämien für neue Streckenrekorde in Höhe von 300 DM. Eine weitere Premiere beim Jubiläum: Im Hauptlauf über 10 km gibt es erstmals eine Mannschaftswertung. Dabei werden die drei schnellsten Läufer eines Vereins (unabhängig, ob Männer, Frauen, Jugend männlich, Jugend weiblich) addiert.

Eröffnet wird der 10. AOK-CityLauf am 25. März, 12.30 Uhr, mit dem 10-km-Lauf der Skater.

e.V. = eingeschriebener Verein

1. R **F** Der CityLauf ist ein Rennen nur für Spitzensportler.
2. **R** F Dresden rechnet mit besonders vielen Teilnehmern.
3. R **F** Der CityLauf wird von der Stadt Dresden organisiert.
4. R **F** Man erwartet, dass auch 2.000 Skater am 10-km-Lauf teilnehmen.
5. **R** F Es gibt Prämien für neue Streckenrekorde.
6. **R** F Zum ersten Mal gibt es auch eine Mannschaftswertung.
7. **R** F Der Dresdner CityLauf ist der erste der neuen CityLauf-Saison.

6 Landeskunderätsel. Was passt nicht in die Reihe?

1. der Rhein – die Elbe – ~~der Nil~~ – die Donau
2. ~~der Stephansdom~~ – das Brandenburger Tor – der Reichstag *(parlament)* – der Ku'damm
3. der Prater – das Kaffeehaus – das Riesenrad – ~~Bern~~
4. die Semperoper – die Paulskirche – der Zwinger – ~~die Gläserne Manufaktur~~
5. Bern – Kantone – Rätoromanisch – ~~Nordsee~~
6. Bach – Mozart – ~~Goethe~~ – Beethoven

Johann Sebastian — Wolfgang Amadeus — Johann Wolfgang — Ludwig

B ■ Was soll ich nur werden?

1 Wähle drei Berufe aus und schreibe Dialoge wie im Beispiel.

Mediengestalter/in – Toningenieur/in – Schauspieler/in – Flugbegleiter/in – Übersetzer/in – Bäcker/in – Elektriker/in – Metzger/in – Kindergärtner/in – Verkäufer/in

+ Sag mal, du machst doch eine Ausbildung als Mediengestalterin. Wäre das auch was für mich?

– Na klar, da kannst du jeden Tag interessante Leute kennen lernen.

– Ich glaube nicht, du hast doch keine Ahnung von Technik.

2 Konjunktionen. Verbinde die Satzteile mit *wenn*, *weil* oder *obwohl*.

1. Es wäre wahrscheinlich besser, _____ Theo das Gymnasium fertig machen würde, _____ Bewerber mit Abitur bevorzugt werden.

2. Theo ist mehr fürs Praktische als für die Theorie, _____ Mathe und Physik seine Lieblingsfächer sind.

3. _____ er sich als Mediengestalter ausbilden lassen möchte, müsste er nach Köln oder München gehen.

4. Theo findet den Beruf des Eurokorrespondenten interessant, _____ der mit Sprachen zu tun hat und er gut in Englisch ist.

5. _____ sich Norma im Internet erkundigt hat, weiß sie nicht mehr genau, was ein Eurokorrespondent eigentlich ist.

6. Theo findet es immer lustig, _____ mal was vor der Kamera schief geht.

7. _____ sie schon ein halbes Jahr beim Fernsehen arbeitet, hat Norma die Schauspieler bis jetzt nur auf dem Bildschirm gesehen.

8. _____ Köln eine teure Stadt ist, sind 450 Euro im Monat nicht viel Geld.

3 Berufe

a) Welchen Kategorien kannst du die Berufe von S. 27, Schülerbuch zuordnen?

Unterricht/Ausbildung	Dienstleistungen	technische Berufe	künstlerische Berufe

b) Ergänze weitere Berufe, die du schon kennst.

4 Du möchtest einen Beruf erlernen. Markiere in der Stellenausschreibung
- alles, was dir an diesem Beruf und/oder der Ausbildung interessant erscheint, in Grün und
- alles, was dich davon abhalten würde, diesen Beruf jemals zu ergreifen, in Rot.

MEDIENGESTALTER/IN BILD UND TON

BERUFSBILD Mitwirkung beim Herstellen, Bearbeiten und Senden von Fernsehproduktionen in den Arbeitsgebieten Bildtechnik, Tontechnik, Bildmischung und -schnitt.

VORAUSSETZUNGEN Abitur, Fachabitur, mittlere Reife
Gute Vorkenntnisse in Mathematik und Physik
Einwandfreies Hör- und Sehvermögen
Technisches Interesse und Fähigkeit, in technischen und gestalterischen Zusammenhängen zu denken

AUSBILDUNGSGANG Die Ausbildung dauert drei Jahre und schließt mit der Prüfung vor der Industrie- und Handelskammer ab. Die Ausbildung vermittelt Kenntnisse und Fertigkeiten auf den Gebieten Bild- und Tontechnik, Messtechnik, Bild- und Tongestaltung, Bildschnitt, Kommunikation und Medienkunde. Die Ausbildung wird in einer Lehrwerkstatt sowie im Hörfunk- und im Fernsehproduktionsbetrieb durchgeführt.

BERUFSAUSSICHTEN Der WDR nimmt zur Zeit jährlich acht Auszubildende auf. Eine Festanstellung kann nur im Rahmen der normalen Personalfluktuation erfolgen. Aufgrund der gründlichen Ausbildung bestehen außerhalb des WDR sehr gute Berufsaussichten.

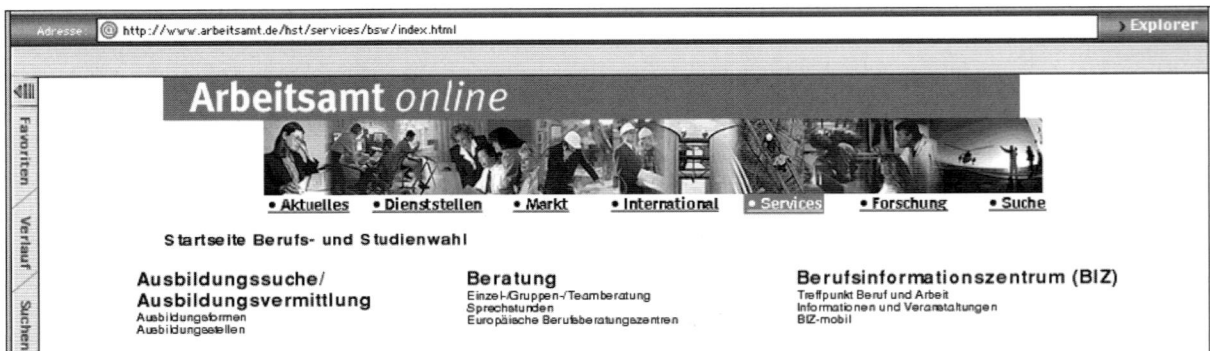

5 Schreibe deinem deutschen Freund einen Brief und erkläre ihm, warum du dich (nicht) zum Mediengestalter ausbilden lassen möchtest.

> Liebe/r ...,
> ich habe mich in den letzten Wochen informiert und mit vielen Freunden hier in München gesprochen. Ich glaube, ich möchte es wirklich versuchen und eine Ausbildung als Mediengestalter beim Bayerischen Rundfunk beginnen ...

oder:

> Liebe/r
> ich habe in den letzten Wochen mit vielen Freunden gesprochen, die sich auskennen, und glaube jetzt, dass es doch keine so gute Idee ist, mich auf einen Ausbildungsplatz als Mediengestalter beim Bayerischen Rundfunk zu bewerben ...

6 Schule – Lehre – Beruf. Ein Rätsel.

Waagerecht:
1. Du willst einen Job? Dann musst du dich darum ...
2. Ich habe eine ... in der Zeitung gefunden. Vielleicht ist die interessant für dich.
3. Er beschäftigt sich mit Strom.
4. Die drei wichtigsten Schulabschlüsse in Deutschland sind: Hauptschulabschluss, mittlere Reife und ...
5. Anderes Wort für Universität.
6. Wenn du eine gute Nr. 8 hast, hast du auch eine gute ..., einen interessanten Beruf zu finden.
7. Nr. 3 dreht die in die Lampe.
8. Nach der Schule hat Norma eine ... als Mediengestalterin angefangen.
9. Wenn du in Deutschland eine Lehre machst, dann arbeitest du in einer Firma und gehst gleichzeitig in die ...
10. Es ist oft nicht einfach, eine gute ... in einem Betrieb zu finden, wo man auch wirklich etwas lernt.

Senkrecht: Die deutsche ... sucht gut ausgebildete junge Leute.

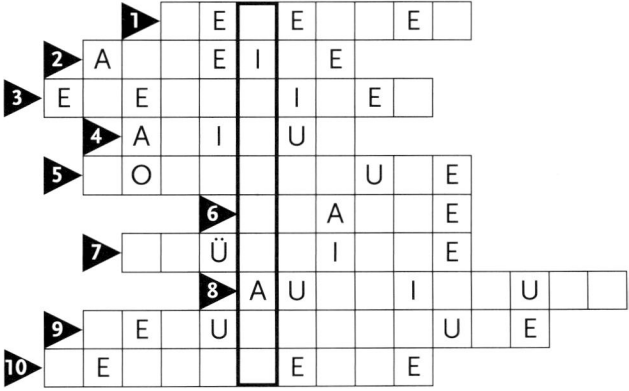

LEKTION 2 siebzehn 17

Zusammenfassung

SO FUNKTIONIERT ES

1 Indirekte Fragen. Ergänze die Fragepronomen. Es gibt manchmal mehr als eine Möglichkeit.

1. Norma überlegt, _____ sie filmen soll.

2. Sie weiß nicht, _____ der Striezelmarkt stattfindet.

3. Norma denkt darüber nach, _____ Sehenswürdigkeiten besonders schön sind.

4. Sie fragt sich, _____ die Sempergalerie gebaut hat.

5. Norma möchte wissen, _____ abends in Dresden los ist.

6. Es würde sie interessieren, _____ die VW-Fabrik „Gläserne Manufaktur" heißt.

7. Norma fragt sich, _____ sie auch die Probleme von Dresden zeigen soll.

2 Schreibe die folgenden Sätze ab und ersetze dabei die unterstrichenen Begriffe durch *man*. Nimm alle notwendigen Änderungen vor.

Ich finde, Leute, die Filme machen, sollten zeigen, was in Dresden wirklich los ist.

_____

Im Großen Garten, da können die Leute wenigstens noch atmen.

_____

Wir alle müssten viel mehr lesen und weniger fernsehen.

_____

Um die Umwelt zu schützen, müssten die Leute weniger Auto fahren.

_____

Ich müsste regelmäßig Wörter lernen.

_____

Prüfungsvorbereitung

HÖRVERSTEHEN (DETAIL)

Ihr hört ein Interview mit einer Frau, die das Nachtskaten in Dresden mitorganisiert hat. Markiert beim ersten Hören bei jeder Aussage, ob sie richtig oder falsch ist. Hört dann noch einmal und kontrolliert eure Ergebnisse.
Lest zuerst den Einleitungstext.

Barbara Lässig hat ihren Namen weg: Skatermutter. Vor zwei Jahren zeigte die Stadträtin Herz, als sie sich der Dresdner Skater mit ihren einst wenigen Ausroll-Strecken annahm. Die Ex-Ruderin bewies Stehvermögen, als nach der Nachtskater-Premiere die Genehmigungen nicht kommen wollten. Skater-Demos fruchteten. Vergangenes Jahr rollten bei 24 Nachtskater-Runden fast 80.000 Inliner-Roller durch Dresden. Die Landeshauptstadt hatte ihre Volkssport-Attraktion.

1. [R] [F] Frau Lässig findet, dass Skaten ein gutes Gefühl gibt.
2. [R] [F] Skaten ist heute in ganz Deutschland Schulsport.
3. [R] [F] Sie möchte, dass eine Halle für Skater gebaut wird.
4. [R] [F] Leider gibt es immer wieder Probleme mit der Polizei.
5. [R] [F] In Paris laufen auch die Polizisten auf Skates mit.
6. [R] [F] Manche Leute fühlen sich durch das Nachtskaten gestört.
7. [R] [F] Es dürfen nur Dresdner am Nachtskaten teilnehmen.
8. [R] [F] Wenn es regnet, fällt das Skaten aus.
9. [R] [F] Gott sei Dank hat es noch nicht sehr viele Verletzte gegeben.
10. [R] [F] Frau Lässig findet es schön, dass alle Altersgruppen teilnehmen.

Mehr Informationen findet ihr im Internet unter: www.nachtskaten-dresden.de

LEKTION 3 FLORIAN

A ▪ Der Zivi Florian

1 Florian im Krankenhaus. Bei fast jedem zweiten Wort fehlt etwa die Hälfte. Ergänze bitte den Text.

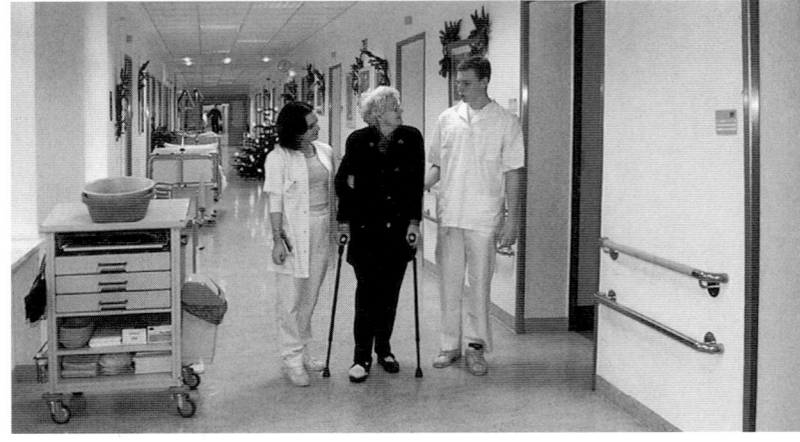

Anstatt zur Bundeswehr zu gehen, arbeitet Florian lieber in einem Krankenhaus als Zivildienstleistender. Sein Frühd_____ beginnt um 6 U____. Nachdem er d____ Patienten gew_____ hat, vert_____ er d____ Fieberthermometer u____ trägt anschl_____ die Temper_____ für je____ Patienten in ei____ Tabelle e____. Dann hi_____ er ein_____ Kranken be____ Waschen. Dan_____ besucht er ku____ eine al____ Frau, d____ sich d____ rechte Fußg_____ gebrochen h____. Später tri____ er Ti____, die we____ eines Mopedu_____ im Krank_____ liegt. S____ hat si____ eine Ri_____ und e____ Bein gebr_____. Wenn s____ keinen He____ getragen hä_____, hätte d____ Unfall f____ sie töd_____ sein kön____.

Florian mu____ auch die Medikamente verteilen und dann die Betten machen. Bis alles getan ist, ist es auch schon wieder Mittag. Die Schwestern und Pfleger treffen sich zur Pause in der Kantine.

2 Florian schreibt seinen Eltern. Hier sind ein paar Stichwörter. Schreibe den Brief.

schon sechs Monate – Orthopädie – Krankenhaus Rostock – sich um Patienten kümmern – waschen – pflegen – Bettwäsche wechseln – manche Tage sind sehr schwer – Cafeteria – Oberschwester Johanna – hübsche Praktikantin Alexa – Freundin – Zivis sind keine „Drückeberger" – Bundeswehr – Frühdienst

3 Verbinde die Sätze mit Relativpronomen.

Florian ist der Orthopädie des städtischen Krankenhauses zugeteilt worden. Florian arbeitet als Zivildienstleistender in Rostock.

Florian, der als _____

_____

Florian wollte auf keinen Fall zur Bundeswehr gehen. Er ist gegen Militär und jede Art von Gewalt.

Florian, _____

_____

Florian muss sehr früh aufstehen. Im Krankenhaus beginnt der Frühdienst pünktlich um 6 Uhr.

Florian, _____

_____

Zuerst legt er die Fieberthermometer bereit. Sie müssen an die Patienten verteilt werden.

Zuerst legt er die Fieberthermometer bereit, _____

_____

Er hilft dann den Kranken beim Waschen. Sie sind gerade operiert worden.

Er hilft dann den Kranken, _____

_____

4 Im Wartezimmer beim Arzt. Ergänze passende Fragen.

+ Wie _____?
– Nicht so besonders. Ich habe Kopfschmerzen.

+ Was _____?
– Ich glaube, ich hab eine Grippe.

+ Was _____?
– Ich bin beim Skifahren gestürzt.

+ Haben _____?
– Ja, ziemlich. Ich hab schon Aspirin genommen, aber die Schmerzen gehen nicht weg.

5 Passiv Präteritum. Schreibe die Sätze zu Ende.

Um sechs Uhr **mussten** _____
(die Patienten / wecken / müssen)

Anschließend _____
(einige Patienten / waschen / müssen)

Um neun Uhr _____
(Betten / machen / müssen)

Zwischen zehn und elf Uhr _____
(Patienten zur Operation / fahren / müssen)

Nach dem Mittagessen _____
(Krankenberichte zum Chefarzt / bringen / müssen)

6 Passiv Perfekt. Ergänze die Dialoge.

+ Sind die Patienten schon **ge**_____ (wecken)?
− Nein, noch nicht, aber ich gehe gleich los.

+ Sind die Thermometer schon _____ (sterilisieren)?
− Ich weiß nicht, aber Alexa kümmert sich darum.

+ _____?
(die Betten / schon / machen)
− Nein, ich muss erst noch frische Betttücher holen.

+ _____?
(Patienten / schon / waschen)?
− Ja, aber ich muss noch Frau Baumeister helfen.

− _____?
(Berichte / zum Chefarzt / bringen)
+ Na klar, die habe ich ihm gleich nach dem Mittagessen gebracht.

B ■ Urlaubstage auf Rügen

1 Ein Telefongespräch mit der Jugendherberge Köln. Höre zu und ordne den Dialog.

☐ 18 Euro 41 pro Person und Nacht.
☐ Dann möchte ich das reservieren.
☐ Ja, in der Woche vom 7. bis 13. haben wir noch ein Zimmer frei.
☐ Jugendherberge Köln, mein Name ist Balmer, was kann ich für Sie tun?
☐ Mal sehen. – Tja, wir haben noch etwas frei, aber nur im Fünfbettzimmer.
☐ Und haben Sie in der zweiten Juniwoche noch Zweibettzimmer?
☐ Was kostet denn da eine Übernachtung?
☐ Guten Tag, ich heiße Annie Schäfer. Ich hätte gerne gewusst, ob Sie in der ersten Juniwoche ein Zweibettzimmer haben.

2 Steve ist wieder in Dresden. Er trifft Lola und erzählt ihr von seinem Ausflug nach Rügen. Schreibe sechs Aussagen über diesen Ausflug. Die Stichwörter helfen dir.

mit dem Zug nach Binz – Übernachtung in der Jugendherberge – Fahrräder ausleihen – Fahrradtour zum Königsstuhl – in der Disko – Mona und Annika

3 Ergänze in den nachfolgenden Hausinformationen die fehlenden Endungen bei Artikeln und Adjektiven.

Hausinformationen (Jugendherberge Binz)

Inmitten ein_____ malerisch_____ Bucht, mit Sicht auf die steil_____ Kreidefelsen und d_____ Wald, unmittelbar am schneeweiß_____, 13 km lang_____ Sandstrand liegt die modern_____ Jugendherberge Binz. Kann man sich ein_____ besser_____ Standort für eine Jugendherberge vorstellen als unmittelbar am endlos_____ Strand und der beliebt_____ Strandpromenade von Binz mit Blick auf d_____ Meer, die steil_____ Kreidefelsen und die rauschend_____ Buchenwälder Rügens? Unser Haus eignet sich besonders für Gruppen- und Wanderfreizeiten, Naturfreunde …

4 Aus der Hausordnung der Jugendherberge Binz. Vor der Abreise müssen die Gäste noch eine Reihe von „Hausarbeiten" erledigen. Schreibe die folgenden Anweisungen ab, bilde dabei Sätze mit a) *müssen* und b) *sind/ist zu*.

ABREISE

Vor eurer Abreise solltet ihr folgende „Hausarbeiten" erledigen:
- Betten und Matratzen vom Sand befreien
- Zimmer sauber machen
- Rollos ganz herunterziehen
- Türen der Schränke ganz öffnen
- Mülleimer leer machen
- Schlüssel im Zimmer lassen
- Stühle auf den Tisch stellen

Bitte meldet euch danach bis 9.00 Uhr bei den Herbergseltern, damit die Zimmer kontrolliert werden können.

Vielen Dank!

a) Die Betten und Matratzen müssen vom Sand befreit werden.
b) ... sind vom Sand zu befreien.

5 Informationen über Rügen. Lies die Texte auf S. 25 und notiere Informationen zu folgenden Punkten.

1. Sonne im Juni: _____

2. Wassertemperatur: _____

3. Theater im Sommer: _____

4. Ein Urlaubsangebot im Frühling: _____

5. Eine Ferienwohnung für 30 Euro: _____

6. Feste im August: _____

7. Probleme: _____

24   vierundzwanzig   LEKTION 3

• **Politik**

Rügen erlebt politisch schwierige Zeiten, denn die Insel leidet unter hoher Arbeitslosigkeit (ca. 20%). Außer in dem mit dem Tourismus verbundenen Dienstleistungssektor ist kaum mit neuen Arbeitsplätzen zu rechnen.

• **Klima**

Rügen hat ein gemäßigtes Meeresklima. Aufgrund der Insellage gibt es im Jahresverlauf einige Besonderheiten. Im Frühjahr steigen die Temperaturen etwas langsamer, dafür ist der Herbst etwas wärmer. Die Wassertemperaturen liegen im Hochsommer zwischen 17 und 19 Grad.
1995 wurden auf Rügen die meisten Sonnenstunden in Deutschland registriert: exakt 2024.

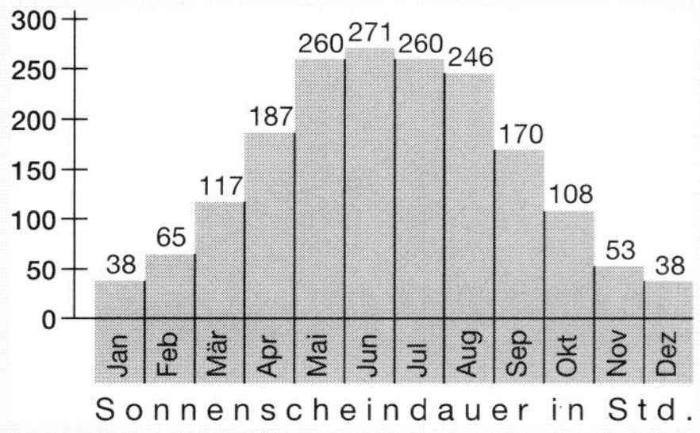

Sonnenscheindauer in Std.
Jan 38, Feb 65, Mär 117, Apr 187, Mai 260, Jun 271, Jul 260, Aug 246, Sep 170, Okt 108, Nov 53, Dez 38

• **Veranstaltungen**

Juni
- Kinderfeste zum Kindertag
- Störtebeker-Festspiele in Ralswiek
- Erlebniswandern am Nordkap
- Tanzfest am Leuchtturm Arkona
- Rossini Opernfestival in Putbus

Juli
- Hafenfest in Sassnitz
- Feuerwehr- und Dorffest
- Kirchenkonzerte
- Rügen-Pokal im Fußball in Dranske
- Sundschwimmen und Meeresmeisterschaften
- Theatersommer am Kap Arkona

August
- Strandfeste
- Moto-Cross um den Rügenpokal
- Cup der MUM-Beach Volleyball-Serie
- Countryfestival in Sellin

▶ Die Strandhotels Arkona und Rugard (Binz/Rügen) bieten bis zum 6. Juni (Ostern ausgenommen) kombinierte Gesundheits- und Erlebnisaufenthalte zu günstigen Konditionen. Fünf Übernachtungen (inkl. Frühstück, 4 x Halbpension, ein Candlelight-Dinner, eine Flasche Sekt, Nutzung des Arkona-Wellness-Bereichs mit Schwimmbad und Sauna und viele andere Extras) kosten ab 250 € (Rugard) und ab 300 € (Arkona) p. Pers. im DZ.

▶ „Frühlingsgefühle auf der Insel Rügen" heißt das Angebot vom 20.3. bis 18.6. (ausgenommen Feiertage): Ein 2-Raum-Appartement (für 2 Pers.) kostet ab 40 €, ein 3-Raum-Appartement (4 Pers.) ab 70 €. Und – wer sieben Nächte bleibt, zahlt nur für sechs.

▶ 2 Ferienwohnungen (18/20 qm) im Erdgeschoss mit Terrasse, Gartenmöbeln, Dusche/WC, Küche bzw. Kochnische für 2 Personen. Beide Wohnungen verfügen über Telefon, TV-Gerät, Kaffeemaschine, Toaster und jeweils 1 Pkw-Stellplatz oder Garage. Verkehrsgünstige Lage für Ausflüge per Auto, Fahrrad oder Wanderungen.
Unsere Preise:
Ferienwohnung (2 Personen):
Nebensaison 30 € /
Hauptsaison 40 €

Alle Informationen haben wir aus dem Internet. Internetseiten ändern sich schnell. Die neuesten Informationen findet ihr unter www.ruegen.com

Zusammenfassung

SO FUNKTIONIERT ES

1 Passiv Präsens mit Modalverben. Schreibe die Sätze.

Zuerst _____
(die Patienten / wecken / müssen)

Danach _____
(die Thermometer / verteilen / können)

Dann _____
(den Patienten / das Frühstück / bringen / müssen)

2 Wie lauten die Sätze aus 1 im Passiv Präteritum?

3 Vervollständige die Regel und bilde Sätze im Passiv Perfekt:

Das Passiv Perfekt wird immer mit dem Hilfsverb _____ gebildet.

1. Florian _____
(der Orthopädie zuteilen)

2. Die Patienten _____
(um sechs Uhr wecken)

Prüfungsvorbereitung

LESEVERSTEHEN (SELEKTIVES LESEN)

Lies zuerst die 8 Situationen und dann die Informationen über die Jugendherbergen. Welche Jugendherberge/n passt/passen jeweils? Es ist auch möglich, dass für eine Situation keine Jugendherberge dabei ist. Markiere dann mit X.

Jugendherberge

1. Du möchtest in den Ferien viel Skateboard fahren. _____

2. Du suchst eine Jugendherberge, die auch für Behinderte geeignet ist. _____

3. Du machst gerne Fahrradtouren und grillst gerne. _____

4. Du möchtest die Lüneburger Heide kennen lernen. _____

5. Du möchtest unbedingt eine Schifffahrt auf dem Rhein machen. _____

6. Die Jugendherberge soll schön liegen. _____

7. Du möchtest in der Nähe vom Meer Urlaub machen. _____

8. Ihr möchtet gerne Bergwanderungen machen. _____

JH Waldmünchen

Betten/Zimmer	120 Betten; 4–6-Bettzimmer, Einzelzimmer für Begleitpersonen vorhanden, Tagesraum, Aufenthaltsraum, Schlosskeller, Speiseraum
Preise	Junior Ü/F: 13,29 EUR
Sport & Freizeit	Garten, Volleyball, Streetball-Basketball, TT, Fahrräder gegen Leihgebühr, Kicker
Geschlossen	Ganzjährig geöffnet
Lage	Die JH befindet sich im Jugendgästehaus Waldmünchen, das auf dem malerischen Schlossberg steht.

JH Jever

Betten/Zimmer	50 Betten; 1 Tagesraum, 2-, 4-, 6-, 8-Bettzimmer, Grillecke, Spielplatz
Preise	Junior Ü/F: 10,43 EUR; Senior Ü/F: 12,99 EUR
Sport & Freizeit	Ideal für Fahrradfreizeiten, Besichtigungen, Rundfahrten, Wattwanderungen, Insel- und Kutterfahrten mögl.; Fahrradverleih im Ort. Beh. Freibad, Hallenbad, Strand (10 km).
Geschlossen	01.11. bis 31.03.
Lage	Die JH liegt in der Nähe des Stadtzentrums, nur 5 Min. vom Bahnhof entfernt.

JH Bingen-Bingerbrück

Betten/Zimmer	176 Betten; Zimmer für die 4-, 6- und 8-Bettbelegung, Leiterzimmer f. die 1- und 2-Bettbelegung, separate sanitäre Anlagen, 6 Tages- u. Seminarräume
Preise	pro Person Ü/F: 11,20 EUR
Sport & Freizeit	Tischtennis, Grillmöglichkeit
Geschlossen	24.12. bis 26.12.
Lage	Im Ortsteil Bingerbrück oberhalb des Hauptbahnhofs, am Rande des Binger Waldes, mit herrlichem Blick auf den Rhein

JH Lüneburg

Betten/Zimmer	105 Betten; 1-, 2-, 4-, 6- u. 16-Bettzimmer überwiegend mit Waschbecken, 2 Tagesräume, 2 Blockhäuser, Tischtennis- und Partykeller
Preise	Junior Ü/F: 11,76 EUR; Senior Ü/F: 14,32 EUR
Sport & Freizeit	TT, Kicker, Billard, Volley- und Streetball, gr. Spielwiese. Im Ort: Freizeitbad, Minigolf u.v.m.
Geschlossen	Siehe Schließzeiten Hannover
Lage	Die JH liegt am südlichen Ortsrand neben der Universität. Eingang u. Zufahrt von der Wichernstr.

JH Blaubeuren

Betten/Zimmer	128 Betten; 5 Tagesräume, 7 Leiterzimmer, 21 Familienzimmer
Preise	Junior Ü/F: 12,78 EUR; Senior Ü/F: 15,34 EUR
Sport & Freizeit	Halfpipe fur Skater
Geschlossen	Zeitweise im Winter, bitte voranmelden.
Lage	Die JH liegt am östlichen Stadtrand; Höhenlage.

HÖRVERSTEHEN (DETAIL)

Du hörst eine Information über das Deutsche Jugendherbergswerk. Dazu sollst du 10 Aufgaben lösen. Höre den Text zweimal. Markiere beim ersten Hören (oder danach) bei jeder Aussage, ob sie richtig [R] oder falsch [F] ist. Höre dann noch einmal und kontrolliere deine Ergebnisse.

1. [R] [F] Jugendherbergen gibt es in Deutschland seit 200 Jahren.
2. [R] [F] Jugendherbergen gibt es in vielen Ländern der Welt.
3. [R] [F] Das Deutsche Jugendherbergswerk ist der größte nationale Verband.
4. [R] [F] Die Mehrheit der Beschäftigten sind Zivildienstleistende.
5. [R] [F] Manche Jugendherbergen sind in Burgen oder Schlössern untergebracht.
6. [R] [F] Die Größe geht von 24 Betten bis 5.000.
7. [R] [F] Die Preise gehen von 8 Euro bis fast 25 Euro.
8. [R] [F] Bis zum Alter von 26 zählt man als Jugendlicher.
9. [R] [F] Das Deutsche Jugendherbergswerk bietet auch Reisen an.
10. [R] [F] Die Mitglieder bekommen einmal pro Jahr eine Zeitschrift kostenlos.

LEKTION 4  STADT UND LAND

A ▪ München

1 In diesem Suchrätsel sind 21 Wörter aus den Texten in A versteckt. Lies die Definitionen und suche die passenden Wörter.

M	G	D	I	E	B	M	I	T	A	R	B	E	I	T	E	R	Q	O	L
P	O	L	I	Z	E	I	B	R	E	N	T	N	E	R	I	N	K	E	E
Y	R	N	K	C	G	U	L	Ü	T	S	T	R	E	I	K	T	U	P	B
A	U	S	K	U	N	F	T	V	R	U	A	F	B	C	I	D	N	A	E
F	R	O	L	H	A	N	D	E	L	G	R	V	C	E	R	L	D	J	N
L	S	F	B	I	E	R	G	A	R	T	E	N	Y	N	C	T	S	K	S
U	B	E	L	Ä	S	T	I	G	U	N	G	R	I	M	F	I	C	C	G
G	E	Y	C	L	A	N	W	O	H	N	E	R	M	E	H	W	H	T	E
S	O	M	M	E	R	S	C	H	L	U	S	S	V	E	R	K	A	U	F
S	T	A	D	T	V	E	R	W	A	L	T	U	N	G	I	H	F	R	Ü
F	R	E	I	Z	E	I	T	A	N	G	E	B	O	T	E	S	T	C	H
A	I	R	E	K	O	R	D	E	R	G	E	B	N	I	S	U	T	H	L
G	M	M	E	I	S	T	E	R	S	C	H	A	F	T	G	I	B	E	M
F	W	P	T	Y	G	E	W	E	R	K	S	C	H	A	F	T	I	O	R

1. Am Ende der Saison werden bei dieser Aktion viele Waren billiger verkauft:

   _ _ _ _ _ _ _ _ _ _ _ _ _ _ _ _ _ _ _

2. Wenn man nicht arbeiten muss, dann sind die interessant:

   _ _ _ _ _ _ _ _ _ _ _ _ _ _ _

3. Diese Organisation sorgt dafür, dass die Stadt funktioniert:

   _ _ _ _ _ _ _ _ _ _ _ _ _ _ _

4. Bei Nr. 1 erwartet der Nr. 19 in jedem Jahr ein R_ _ _ _ _ _ _ _ _ _ _ _ _ _s.

5. Er ist der politische Chef von Nr. 3: _ _ _ _ _ _ _ _ _ _ _ _ _ _

6. In vielen Sportarten wird jedes Jahr um die M _ _ _ _ _ _ _ _ _ _ _ _ gekämpft.

7. Diese Organisation vertritt die Interessen der Arbeitnehmer: _ _ _ _ _ _ _ _ _ _ _ _

8. Wenn ich glücklich und zufrieden bin, dann habe ich ein positives L_ _ _ _ _ _ _ _ _l.

9. Für die M _ _ _ _ _ _ _ _ _ _ der Kaufhäuser ist der Nr. 1 mit viel Stress verbunden.

10. Die Nr. 11 sind für die Nr. 15 oft eine B_ _ _ _ _ _ _ _ _ _, bei der sie sich bei der Nr. 16 beklagen.

11. Hier kann man im Sommer gemütlich im Freien sitzen und ein Bier trinken: _____

12. Beim Nr. 1 strömt die K_____ zu Tausenden in die Geschäfte, um billig einzukaufen.

13. Mit 63 Jahren kann eine Frau aufhören zu arbeiten. Sie wird dann R_____.

14. Es gibt sie für das Telefon und es gibt sie am Bahnhof. Es gibt sie auch in Kaufhäusern und für Touristen. Sie heißt oft auch „Information": _____

15. Sie beschweren sich oft über den Lärm in den Nr. 11: _____

16. Sie regelt den Verkehr, muss kommen, wenn sich Nr. 15 über etwas beklagen, und versucht Nr. 21 zu fangen: _____

17. Anderes Wort für „Wettkampf" im Sport: _____

18. Wenn die Arbeitnehmer unzufrieden sind, dann machen sie manchmal einen _____, um ihre Interessen durchzusetzen.

19. Für den _____ ist der Nr. 1 ein ganz wichtiger Termin im Jahr.

20. Der _____ von Frankfurt nach New York dauert etwa acht Stunden.

21. Er nimmt sich Dinge, die ihm nicht gehören. Wenn die Nr. 16 ihn erwischt, kommt er vor Gericht: _____

2 Wortfamilien. Ergänze die fehlenden Wörter, dort, wo es möglich ist.

Nomen	Adjektiv / Partizip I	Verb
der Streik	_____	streiken
_____	chaotisch	_____
_____	_____	belästigen
_____	_____	unterhalten
Spannung	_____	_____
Garantie	_____	_____

LEKTION 4

3 In folgendem Text erscheint *werden* in drei verschiedenen Funktionen. Schreibe die Ziffer zur passenden Funktion.

Wer da wohl die Viertelfinale am Freitag und das Halbfinale am kommenden Samstag bestreiten wird ☐1☐? Richtig spannend wird ☐2☐ es dann im Finale, das am Sonntag, den 7. Mai, ausgespielt wird ☐3☐.

☐ Passiv
☐ Vermutung
☐ Futur

4 Nachrichten aus München. Ergänze die Adjektive in der richtigen Form.

Tennisturnier mit internationaler Beteiligung

~~letzte~~ – weltbekannt – talentiert – hervorragend – international – erstklassig

Seit (D) __letztem__ Samstag

schlagen wieder (N) _____

Tennis-Asse und (N) _____

Newcomer in München auf. Der Turnierdirektor Niki Pilic garantiert (A) _____

Spitzentennis mit (D) _____ , (D) _____ Topstars.

Frühlingsfest eröffnet

jugendlich – neu – kurz – schnell – lang – besondere

Wem das (N) _____ Warten bis zum Oktoberfest zu viel wird, kann auf dem Frühlingsfest ein wenig Wies'nluft schnuppern. Mit

(D) _____ und immer (D) _____ Attraktionen locken die

Schausteller den meist (D) _____ Besuchern das Geld aus der Tasche. Wer will,

kann sich senkrecht nach oben katapultieren und dann nach einem (D) _____

Augenblick Stillstand in 60 Metern Höhe ebenso senkrecht frei nach unten fallen lassen. Ein ganz

(N) _____ Spaß, den so mancher Wies'ngast mit Schwindel und Übelkeit

bezahlen muss.

B ■ Der Traum vom anderen Leben

1 Indikativ und Konjunktiv I

Ordne die Konjunktiv-I-Formen zu. Ergänze Konjunktiv-II-Formen, wo Indikativ- und Konjunktiv-I-Formen gleich sind.

Konjunktiv I: sei – seien – haben – habe – müsse – müssen – wolle – wollen – gehe – gehen
Konjunktiv II: ~~hätten~~ – wollten – gingen – müssten

	Indikativ	*Konjunktiv I*	*Konjunktiv II*
er/es/sie	ist	_____	_____
sie/Sie	sind	_____	_____
er/es/sie	hat	_____	_____
sie/Sie	haben	_____	**hätten**
er/es/sie	muss	_____	_____
sie/Sie	müssen	_____	_____
er/es/sie	will	_____	_____
sie/Sie	wollen	_____	_____
er/es/sie	geht	_____	_____
sie/Sie	gehen	_____	_____

2 Indirekte Rede. Schreibe die Sätze in der direkten Rede.

1. Elisa Schüren meint, die Landschaft sei sicher schön, aber hier sei es zu still.

   Elisa Schüren: Sicher ___**ist**___ die Landschaft schön. Aber hier _____ es zu still.

2. Sie lerne gerne andere Menschen kennen und gehe gerne aus.

   Elisa Schüren: Ich _____ gerne andere Menschen kennen und _____ gerne aus.

3. Außerdem möchte sie heiraten und für Kinder biete die Stadt viel mehr.

   Elisa Schüren: _____

4. In der Stadt hätten die Kinder einen Spielplatz.

   Elisa Schüren: _____

3 Reinhard Mey: *Susann*. Lies die Aussagen a–n und höre das Lied. Nummeriere sie dann in der richtigen Reihenfolge. Kontrolliere mit dem Text.

- a ☐ Am nächsten Tag werden sie in ein Bauernhaus auf dem Land ziehen können.
- b ☐ Er sagt ihr, dass sich sein größter Wunsch erfüllen wird.
- c ☐ Jetzt gehört sie endlich dazu.
- d ☐ Nach kurzer Zeit überrascht sie ihr neuer Freund.
- e ☐ Sie färbt sich die Haare bunt.
- f ☐ Sie hat keine Lust mehr, sich um die Tiere auf dem Bauernhof zu kümmern.
- g ☐ Sie kauft sich moderne Jeans und Schuhe mit dicken Sohlen.
- h ☐ Sie lernt einen jungen Mann kennen.
- i ☐ Sie packt ihre Sachen und geht in die Stadt.
- j ☐ Sie sucht sich einen Job in einem Kaufhaus.
- k ☐ Sie will in die Stadt, weil dort was los ist.
- l ☐ Sie zieht bei ihm ein.
- m ☐ 1 Susann wohnt auf dem Land und möchte lieber in der Stadt leben.
- n ☐ Er meint, dass man auf dem Land leben müsse, um „in" zu sein.

4 Susanns Tagebuch. Schreibe auf, was sie an diesem Abend nach dem Gespräch mit ihrem Freund zu berichten hat. Wird sie mitgehen oder in der Stadt bleiben?

2. Juni

Liebes Tagebuch! Heute

Reinhard Mey: Susann

Sie heißt Susann, wohnt auf'm Land,
Auf einem Hof am Wiesenrand,
Doch ihr reicht's, sie will in die Stadt,
Hat Kuh und Kalb und Ferkel satt.
5 Hier auf'm Land ist's hoffnungslos,
Da in der Stadt, da is' was los –
Denk doch mal nach, dann siehst du's ein
Man muß in die Stadt, um „in" zu sein.

Ich seh' doch meinen Lebenszweck
10 Nicht hier in Lehm und Schweinedreck.
Packt ihre Sachen und zieht aus.
Sucht sich 'nen Job im Warenhaus.
Färbt sich das Haar,
Malt sich bunt an.
15 Sie kauft sich Jeans mit Flicken dran –
Mit dicken Sohlen ein Paar Schuh.
Jetzt endlich gehört sie dazu!
Hier in der Stadt, da geht das los,
Da auf'm Land versumpfst du bloß –
20 Denk doch mal nach, dann siehst du's ein
Man muß in die Stadt, um „in" zu sein.

Ein Typ gefällt ihr ungemein,
Und schließlich zieht sie bei ihm ein,
Und nach 'ner Woche oder zwei,
25 Da kommt der Typ aufgeregt rein, sagt:
„Hör' mal, Mädel, 's ist so weit
Mein größter Wunsch erfüllt sich heut,
Denn morgen kommen wir hier raus,
Wir zwei ziehn in ein Bauernhaus.
30 Hier in der Stadt verkalkt man bloß,
Da auf'm Land, da ist was los –
Denk doch mal nach, dann siehst du's ein,
Man muß auf's Land, um ‚in' zu sein."

Zusammenfassung

SO FUNKTIONIERT ES

1 Adjektivendungen nach dem Nomen (Wiederholung). Ergänze die fehlenden Endungen. Die Endungen auf *-en* sind vorgegeben.

a) Nach *der, das, die* (ebenso: *dieser, jener, jeder, mancher, welcher*)

	Maskulinum	Neutrum	Femininum
Nominativ	der groß____ Stau	das groß____ Auto	die groß____ Straße
Akkusativ	den groß**en** Stau	das groß____ Auto	die groß____ Straße
Dativ	dem groß**en** Stau	dem groß**en** Auto	der groß**en** Straße
Genitiv	des groß**en** Staus	des groß**en** Autos	der groß**en** Straße

b) Nach *ein/kein* (ebenso nach den Possessivartikeln *mein, dein, sein, ihr, unser, euer, ihr/Ihr*)

	Maskulinum	Neutrum	Femininum
Nominativ	(k)ein groß____ Stau	(k)ein groß____ Auto	(k)eine groß____ Straße
Akkusativ	(k)einen groß**en** Stau	(k)ein groß____ Auto	(k)eine groß____ Straße
Dativ	(k)einem groß**en** Stau	(k)einem groß**en** Auto	(k)einer groß**en** Straße
Genitiv	(k)eines groß**en** Staus	(k)eines groß**en** Autos	(k)einer groß**en** Straße

2 Konjunktiv I. Ergänze die Sätze.

brauche – gehe – könne – lerne – sei

Für sie _____ der Beruf sehr wichtig, betont sie. Sie _____ die Stadt …

Nur hier _____ sie …

Elisa sagt, sie _____ gerne Menschen kennen und _____ gern aus …

Einige Konjunktiv-I-Formen sind mit dem Indikativ identisch. Dann nimmt man

_____-_____-Formen.

Sie sagt, die Kinder haben *(Konj. I = Indikativ)* einen Spielplatz in der Nähe und müssen *(Konj. I = Indikativ)* nicht …

Sie sagt, die Kinder _____ *(Konj. II)* einen Spielplatz in der Nähe und

_____ *(Konj. II)* nicht zur Schule fahren.

Prüfungsvorbereitung

LESEVERSTEHEN (GLOBAL)

Lies zuerst die zehn Überschriften und dann die fünf Texte. Entscheide, welcher Text 1–5 am besten zu den Überschriften a–j passt. Du darfst jede Überschrift nur einmal verwenden.

- a ☐ 6-Jähriger zeigt Lehrerin und Mutter an
- b ☐ Altautos werden in Europa billiger
- c ☐ Kurze Röcke – lange Krawatten
- d ☐ Computer sollen Schulen erobern
- e ☐ EU beschließt Altauto-Richtlinie
- f ☐ Eine Milliarde Mark für ICE-Strecke
- g ☐ Computec kauft Privatschulen
- h ☐ Transrapid kostet eine Milliarde mehr
- i ☐ Polizei verhaftet 6-Jährigen
- j ☐ Schülerin schafft Rock-Zwang ab

1 Brüssel. Die europäischen Autohersteller müssen von ihnen produzierte Fahrzeuge künftig zurücknehmen. Das entschied gestern das Europäische Parlament und stimmte damit der neuen Altauto-Richtlinie zu. Die Umweltgruppe „Friends of the Earth" begrüßte die Richtlinie. Damit würden die Unternehmen erstmals für ihre Produkte „von der Wiege bis zum Grab" verantwortlich gemacht. Der Verband der Automobilindustrie erklärte, die Tatsache, dass die Kostenfrage nicht geregelt worden sei, zeige, dass die Bedenken gegen eine einseitige Belastung der Industrie Wirkung zeigten.

2 York. Weil er wegen eines Fehlers in der Schule kein Bonbon als Belohnung bekam, hat ein sechsjähriger Brite die Polizei gebeten, seine Lehrerin und seine Mutter festzunehmen. Weil seine Mutter die Erziehungsmaßnahme der Lehrerin in Ordnung fand, war der kleine Steven aus dem westenglischen Barton offenbar derart wütend, dass er die Polizei-Notrufnummer wählte und um Amtshilfe bat. „Ich fand Mummy und Mrs Groom voll ätzend, und deshalb wollte ich, dass sie so lange ins Gefängnis wandern, bis sie mir das Bonbon geben", sagte der Kleine zur Erklärung. Kein Bonbon rauszurücken, nur weil er beim Buchstabieren des Wortes „there" das letzte „e" vergessen habe, sei „voll gemein". Eigentlich finde er Buchstabieren nämlich „echt cool", beschwerte sich der Junge.

3 Stuttgart. Das Innovationsbündnis D 21 will in den kommenden eineinhalb Jahren 20.000 Schulen mit PCs und Druckern ausstatten. Die bisher größte Initiative in Deutschland aus Vertretern von Politik und Wirtschaft hat mehr als 100 Unternehmen und Verbände zusammengeführt und will den Durchbruch der neuen Technologien in Deutschland vorantreiben. Pro Schule wird ein 25.560 Euro teures Set aus 12 bis 16 PCs, einem Server und Druckern aufgebaut. Ein Schulbuchverlag stellt Lernsoftware und Wörterbücher zur Verfügung. Im Gegenzug muss die Schule an ihrer Außenwand eine Plakette mit dem Namen des Sponsors anbringen.

4 London. Erstmals hat eine englische Schülerin durchgesetzt, dass sie statt im Rock auch in Hosen zur Schule kommen darf.
In England müssen alle Schüler Uniformen mit Jackett und Krawatte tragen, für die Mädchen sind knielange Röcke verbindlich.
Die 14 Jahre alte Jo Hale aus Gateshead bei Newcastle fand dies aber im Winter zu kalt und wollte eine Hose anziehen. Als ihr die Schulleitung das verbot, drohte die Mutter mit einem Prozess. Aus Angst vor hohen Gerichtskosten gab die Schule nach. Damit es in den Klassen künftig wirklich emanzipiert zugeht, dürfen nun auch Jungen im Rock kommen.

5 Hamburg. Für den Ausbau der ICE-Strecke Hamburg-Berlin zur ICE-Hochgeschwindigkeitsstrecke steht eine Milliarde Mark zur Verfügung. Das teilten Bundesverkehrsminister Reinhard Klimmt und Hamburgs Bürgermeister Ortwin Runde (beide SPD) am Freitag nach einem Gespräch in Hamburg mit.
Das Geld werde von den 6,1 Milliarden Mark genommen, die für den Bau der Transrapidstrecke zwischen beiden Städten vorgesehen waren. Die restlichen 5,1 Milliarden Mark sollen in den Betrieb der Transrapidversuchsstrecke sowie für Forschung und Entwicklung anderer regionaler Transrapidstrecken investiert werden. Der Bau einer neuen ICE-Strecke sei nicht geplant, erklärten Klimmt und Runde. Vordringlich solle die Nordtrasse für Geschwindigkeiten bis zu 230 Stundenkilometer für den Personenverkehr bis zum Jahr 2005 ausgebaut werden.

LEKTION **5** MEDIENGESCHICHTEN

A ▪ Vom Meißel zur Maus

1 **Was passierte wann?**

a) Ordne Daten und Fakten zu.

650 v. Chr.	1	a	Bilder über Satellit / senden
Im Altertum	2	b	Buchdruck in Mainz / erfinden
2.000 Jahre lang	3	c	Bücher mit der Hand schreiben / müssen
Im 15. Jahrhundert	4	d	erstes Telefon von Edison / bauen
Ende des 19. Jahrhunderts	5	e	das Internet nur vom Militär / nutzen
Seit Ende der sechziger Jahre	6	f	Papier nur in China / verwenden
Am Anfang	7	g	die Assyrer die Keilschrift / erfinden

b) Passiv. Schreibe Sätze wie im Beispiel.

1g: 650 vor Christus wurde die Keilschrift von den Assyrern erfunden.

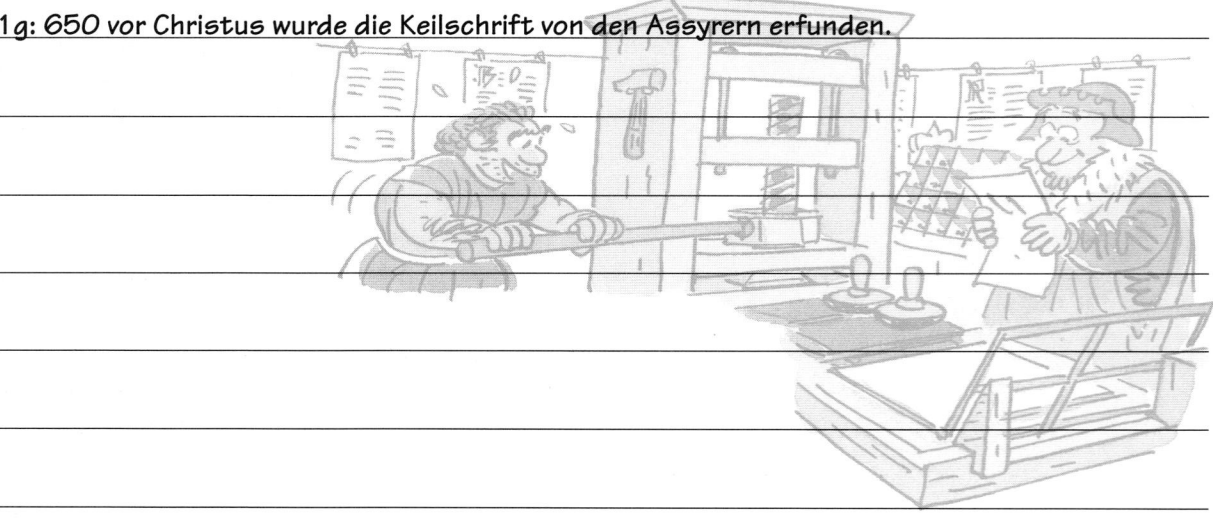

2 **Silbenrätsel**

a) Finde elf Wörter zum Thema „Medien".

AP – KEIL – BOL – RAT – PA – IN – FERN – SYM – PU – DRUCK – PIER – SEH – LIT – TELE – TER – RE – SCHRIFT – TUNG – NET – NE – ZEI – PA – CHEN – SA – COM – FON – TEL – BUCH – MA – SCHI – TER

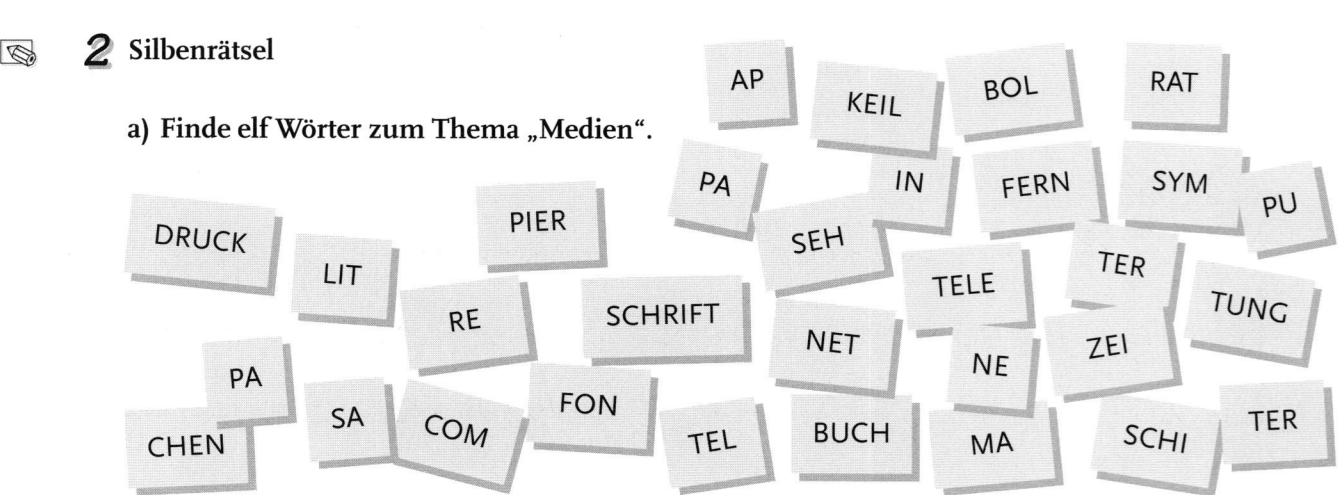

b) Welche Wörter aus a) passen in die Lücken?

1. Die Assyrer haben die _____ erfunden.

2. Um Bilder und Töne schnell um die Welt zu schicken, braucht man _____ .

3. Ein Computer ist eigentlich nur eine schnelle R_____ .

4. Den _____ hat ein Mann aus Mainz erfunden.

5. Ohne das T_____ könnten wir uns Kommunikation gar nicht mehr vorstellen.

6. Im _____ findet man Bilder, Texte und Töne zu fast jedem Thema.

3 Verbinde folgende Sätze mit *nachdem, bevor* oder *seitdem*.

1. Das Internet wurde erfunden.
   Man konnte Informationen nur in Büchern und Zeitungen finden.

   <u>Bevor das Internet</u> _____
   _____
   _____

2. Das Internet existiert.
   Fast jeder Mensch hat Zugang zu unzähligen Daten und Informationen.
   _____
   _____
   _____

3. Satelliten umkreisen die Erde.
   Man kann live die Olympischen Spiele auf der anderen Seite der Erde betrachten.
   _____
   _____
   _____

4. Das Fernsehen wurde erfunden.
   Radio und Zeitung waren die wichtigsten Übermittler von Nachrichten.
   _____
   _____
   _____

5. Es gibt das Internet.
   Die Zeitungen verlieren als Übermittler von Nachrichten allmählich an Bedeutung.
   _____
   _____
   _____

4 Ergänze die Präpositionen.

auf – auf – im – im – ~~mit~~ – mit – mit

1. Etwas __mit__ der Hand abschreiben.

2. Etwas _____ eine Tontafel schreiben.

3. Etwas _____ der Post verschicken.

4. Alles _____ Kopf rechnen müssen.

5. Informationen _____ Internet suchen.

6. Einen Brief _____ Papier schreiben.

7. Eine Nachricht _____ E-Mail verschicken.

5 Situationen aus dem Leben unserer Hauptfigur. Suche dir eine Zeichnung aus und erfinde dazu eine kurze Geschichte mit Dialog(en).

6 Multimedia. Setze die Verben ins Passiv.

Heute gibt es Informationsträger, auf denen Text, Bild und Ton gemeinsam digital

gespeichert werden können (speichern / können). In neuester Zeit _____

nicht nur Audio- und Videodateien in Texte _____ (integrieren), sondern auch

Funktionen _____ (anbieten), durch die ein interaktiver Umgang mit den In-

formationsdateien _____ (ermöglichen). Jeder leistungsfähige „Multi-

media-PC" _____ heute mit einem CD-ROM-Laufwerk, einer leistungsfähigen

Bild- und einer Soundkarte mit Lautsprechern _____ (ausrüsten /

können). Mit ihm _____ Daten _____ (verar-

beiten / können), die Augen und Ohren zugleich ansprechen. Die unterschiedlichen Informationen

_____ vom Nutzer nicht nur _____ (lesen / können), son-

dern auch _____ (verändern) oder neu _____ (ordnen).

B ■ Talkshow „Milchstraße 4"

1 Welche Nomen passen in den Text? Ergänze bitte.

Brief – Briefpapier – Mühe – Briefkasten – Freund – Briefumschlag – Post – Briefmarke – Briefträger – E-Mail

Wenn sich Sebastian die _____ macht, einen richtigen _____ zu schreiben, ihn in einen _____ zu stecken, eine _____ zu kaufen und darauf zu kleben, zur nächsten _____ zu gehen und diesen Brief in einen _____ zu werfen, dann macht er das für einen _____, der ihm viel wert ist.

2 Personalpronomen und Reflexivpronomen. Ergänze die Sätze.

Sebastian: Die Internet- und Yahoo-Geschichten sind __mir__ nicht fremd.

Sebastian: Ich mache __mir__ gerne die Mühe, einen Brief zu schreiben und zur Post zu bringen.

Sebastian: Ich mache das nur für Menschen, die es _____ wert sind.

Lola: Ich glaube, es hängt von _____ selbst ab, wie du mit dem Computer umgehst. Du darfst _____ nicht von der Maschine terrorisieren lassen.

Lola: Einkaufen im Internet ist _____ zu blöd.

Max: Mein Bruder und ich schauen _____ auch Tierfilme und Sportsendungen im Fernsehen an.

Max: Und du bist sogar an der frischen Luft und bewegst _____, wenn du einen Brief zur Post bringst.

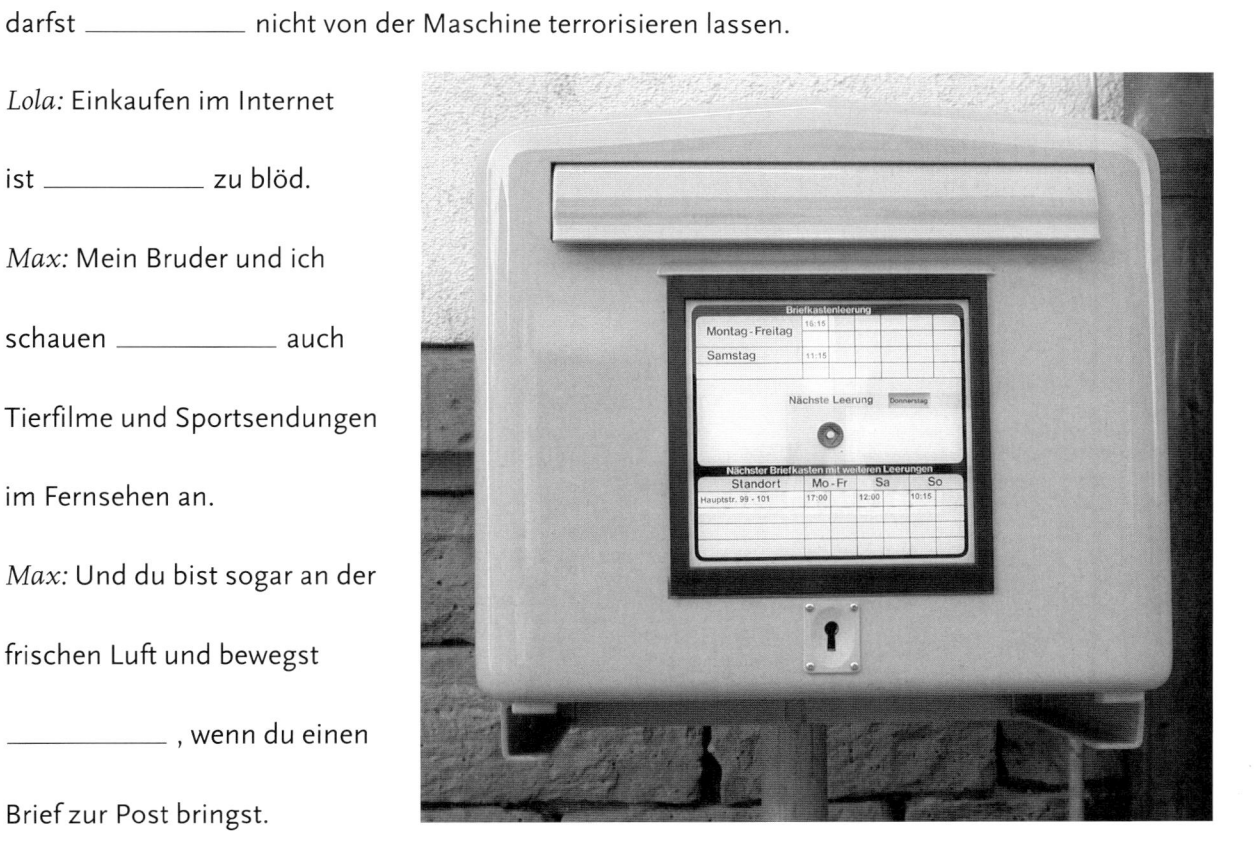

LEKTION 5 neununddreißig

3 Hier sind die Aussagen aus Aufgabe 2 in der indirekten Rede. Ergänze die Pronomen.

Sebastian sagt, dass _____ihm_____ die Internet- und Yahoo-Geschichten nicht fremd seien.

Er sagt auch, dass er _____ gerne die Mühe mache, einen Brief zu schreiben und zur Post zu bringen. Er mache das nur für Menschen, die es _____ wert seien.

Lola meint, dass es von _____ selbst abhänge, wie man mit dem Computer umgehe.

Man dürfe _____ nicht von der Maschine terrorisieren lassen. Sie sagt auch, dass _____ Einkaufen im Internet zu blöd sei.

Max sagt, dass sein Bruder und er _____ auch Tierfilme und Sportsendungen im Fernsehen anschauen. Zu Sebastian meint er ironisch, dass er sogar an der frischen Luft gewesen sei und _____ bewegt habe, wenn er einen Brief zur Post bringe.

4 Temporale Nebensätze. Ergänze die Konjunktionen.

solange – bis – während – sobald – nachdem

1. _____ ihr Lieblingsprogramm im Fernsehen zu Ende ist, setzen sich viele Kinder vor den Computer und spielen.

2. Ich hatte mal einen Computer und habe auch damit herumgespielt, _____ ich kapiert habe, was das bedeutet.

3. _____ ich laufen oder in einen Bus einsteigen kann, finde ich es schöner und spannender, in ein richtiges Geschäft zu gehen, als im Internet einzukaufen.

4. Mein Freund hängt den ganzen Abend im Chatroom herum, _____ sich seine Freundin nebenan vor dem Fernseher langweilt.

5. _____ Gutenberg den Buchdruck erfunden hatte, wurde ihm vorgeworfen, dass er die ganze Welt durcheinander bringt, weil man plötzlich Flugblätter drucken konnte.

5 Ein Radiotext: Jugend nutzt klassische Medien

a) Höre zu und kreuze an. Richtig oder falsch?

1. R F Der Bericht informiert über eine Umfrage unter 12- bis 21-Jährigen.
2. R F Jungen lesen vor allem den Politikteil.
3. R F Die Jugendlichen finden gesellschaftliches Engagement wichtig.
4. R F Die Jugendlichen engagieren sich im Umweltschutz.
5. R F Mädchen nutzen das Internet, um mit anderen in Kontakt zu kommen.
6. R F Jungen interessieren sich hauptsächlich für Computerspiele.

b) Höre noch einmal und ergänze dann den Text.

Ressorts – Action, Sport und Comedy – Printprodukte – Romantik – Recherchieren im Internet – Medien – Fernseh- oder Rundfunk-Sendungen – Politik – Kommunikation

Jugendliche nutzen die klassischen _____ weit mehr als das Internet. Die Jungen konsumieren vor allem _____ , während sich die Mädchen mehr für _____ und Seifenopern interessieren. Jugendliche verfolgen vier Stunden an Wochentagen und fünf Stunden am Wochenende _____ oder informieren sich aus _____ . Die Jungen interessieren sich in den Zeitungen kaum für die klassischen _____ wie z.B. „Feuilleton" oder „Wirtschaft". Am wenigsten interessieren sie sich für _____ . Während Mädchen das Internet stärker zur _____ nutzen, interessieren sich Jungen mehr für das _____ sowie für technische Aspekte.

WER STREBEND SICH BEMÜHT
Das Goethe-Institut feiert seinen 50. Geburtstag und denkt über neue Allianzen für die auswärtige Kulturpolitik nach. Die Filiale in Madrid arbeitet bereits mit Sponsoren aus der Wirtschaft: faustischer Pakt oder Zukunftsmodell? **KULTUR, SEITE 25**

MEISTER DER NETZE
Wolf Lepenies, der Rektor des Wissenschaftskollegs, gibt nach 15 Jahren sein Amt ab. Lepenies hat sich in der Hilfe für die Länder Ost-Mitteleuropas so engagiert, dass er zum Akteur der Wissenschaftspolitik geworden ist. **WISSEN, SEITE 28**

ALTES ENGLISCH MIT NEUN
Schüler der dritten Klasse einer Grundschule in Kleinmachnow führen „Alice im Wunderland" im Englisch des 19. Jahrhunderts auf – perfekt in Sprache und Ausdruck. Der frühe Start lohnt sich. **WISSEN, SEITE 28**

SCHMERZ, LASS NACH
ZDF-Programmdirektor Markus Schächter hat Kummer. Das Fernsehangebot aus Mainz musste sich bei den Quoten im ersten Halbjahr 2001 mit dem vierten Platz begnügen. Vor dem ZDF liegen RTL, die ARD und die ARD-Dritten. **MEDIEN, SEITE 31**

SCHWACHE BÖRSEN
Die deutschen Aktienmärkte starteten schwach in die neue Woche. Der Dax schloss mit einem kleinen Plus von 0,84 Prozent bei 6109,50 Zählern, während der Neue Markt 0,73 Prozent verlor. **WIRTSCHAFT, SEITE 22**

SONNE, 25 GRAD
Überwiegend sommerliches Wetter sagen die Meteorologen für Dienstag voraus. Höchsttemperatur: 25 Grad. Tiefstwert in der Nacht zum Mittwoch: 11 Grad. Die Belastung durch Gräserpollen ist mäßig bis stark. Aussichten: Es wird wärmer. **SEITE 2**

@ www.tagesspiegel.de
www.tagesspiegel.de/finanzen

BERLIN .... 9 bis 15
BRANDENBURG 16
WIRTSCHAFT .... 17 BIS 22
SPORT .... 23 UND 24
KULTUR .... 25 BIS 27
WISSEN/FORSCHEN .... 28 UND 29
TICKET-TAGESTIPPS 30
MEDIEN/TV-PROGRAMM 31

Zusammenfassung

SO FUNKTIONIERT ES

1 Temporale Nebensätze. Ergänze die Konjunktionen.

bis – während – solange – nachdem

Ich kaufe nicht im Internet, _____ ich zum Geschäft laufen kann.

Du musst die Computerbefehle wiederholen, _____ du sie kapiert hast.

_____ ein Fernseher läuft, kann ich mich nicht konzentrieren.

Er hat sofort den Computer eingeschaltet, _____ du weg warst.

2 Schreibe die Sätze aus 1 noch einmal. Ändere dabei die Reihenfolge von Haupt- und Nebensatz.

Solange ich _____

_____

_____

_____

_____

3 Schreibe Sätze im Plusquamperfekt.

Bevor man schreiben konnte, _____
(schon Höhlenbilder malen / haben)

Nachdem _____ , konnte man viel besser schreiben. (das Papier nach Europa kommen / sein)

Konrad Zuse _____
(die erste elektronische Rechenmaschine schon 1941 bauen / haben).

Prüfungsvorbereitung

MÜNDLICHER AUSDRUCK: GESPRÄCH ÜBER EIN THEMA

Hier sind weitere Materialien, über die ihr sprechen könnt. Arbeitet zu zweit.
A arbeitet mit der Statistik und B mit dem Text.
Berichtet euch gegenseitig über die Informationen.
– Was meint ihr dazu?
– Was sind eure persönlichen Erfahrungen dazu?
– Wie ist das bei euch?

Was Kids sich wünschen und besitzen

Von je 100 Sechs- bis 17-Jährigen . . .

. . . besitzen einen eigenen		. . . wünschen sich einen eigenen
62	Walkman	10
39	Fernsehapparat	38
38	Handspielgeräte (z. B. Game-Boy)	11
34	CD-Player (Standgerät)	17
33	Hi-Fi-Anlage	22
24	Videospielgeräte	14
23	CD-Player (tragbarer)	17
21	PC	32
17	Videorecorder	35
17	CD-ROM-Laufwerk	24
7	Handy	34
7	Internetanschluss	23

Quelle: KVA 2000
© Globus 6550

Handys hoch im Kurs

Kinder, die auf der Straße, in der U-Bahn, im Auto mit dem Game-Boy spielen oder Walkman hören – ein alltäglicher Anblick, an den wir uns schon länger gewöhnen konnten. Nach einer Umfrage der KidsVerbraucher-Analyse 2000 besitzen 38 von je 100 Kindern und Jugendlichen ein derartiges Handspielgerät und sogar 62 einen eigenen Walkman. Ganz hoch im Kurs stehen derzeit Handys: Sieben Prozent der Teenies – es sind vor allem Jungen und Mädchen ab 14 Jahren – besitzen ein Handy, und fünf mal so viele hätten gerne eines. Überhaupt stehen hochwertige Produkte aus der Unterhaltungselektronik auf der Wunschliste ganz oben, obwohl die Kinderzimmer schon recht gut damit ausgestattet sind: In jedem dritten stehen ein eigener Fernseher und/oder CD-Player und/oder eine Hi-Fi-Anlage. Geht es nach den Kids, werden es bald vor allem noch mehr Fernseher, Videorecorder und PCs sein.

LEKTION **6** TYPISCH DEUTSCH?!

A ▪ Ein Nachmittag am Chinesischen Turm

1 Menschen und Tiere im Englischen Garten. Notiere die Nomen mit Artikel.

AL – BES – CHE – CHEN – DENT – EICH – GER – FA – GÄN – GE – GEL – GEND – GER – GLE – HÖRN – ~~HUND~~ – JOG – JU – JUN – KAT – ~~KIND~~ – LEH – LER – LEU – LI – LIE – LIE – MI – NER – PAAR – RENT – RER – RIST – SCHÜ – SIN – SPA – STU – TE – TE – TOU – VO – ZE – ZIER

der Hund, das Kind, _____

_____

_____

_____

2 Wie heißen die Pluralformen der Nomen aus Aufgabe 1?

mehrere	Rent_____		Ju_____
zwei	Lie_____		Schü_____
viele	Hu_____		Vö_____
alle	Tou_____		Kat_____
die meisten	Stu_____		Jog_____
manche	Spa_____		Sin_____
einige	Kin_____		Eich_____

3 Lies noch einmal den Text auf Seite 60/61 im Kursbuch. Notiere alle Verben, die dort die direkte Rede einleiten oder abschließen.

> „Sind Sie aus München?", <u>fragt</u> Woijtek.

fragen,

4 Welche Verben passen am besten zu den unterstrichenen Sätzen?

ins Wort fallen – ermuntern – ergänzen – widersprechen – verbieten – ~~zustimmen~~

1. – Die Menschen sind doch alle gleich.
   + <u>Das sage ich auch immer.</u>   zustimmen
2. – Ich muss mal an die frische Luft.
   + <u>Nein, du bleibst jetzt hier.</u>
3. – Soll ich das so machen?
   + <u>Na klar, genau so. Das mache ich auch immer so.</u>
4. – Ich wollte dir doch nur erklären, wie ...
   + <u>Sei nur still, ich weiß schon, was jetzt kommt.</u>
5. – Danach waren wir alle ganz still.
   + <u>Ja, und einige haben sogar geweint.</u>
6. – Ich finde, wir sollten jetzt gehen.
   + <u>Nee, ich bleib noch. Mir gefällt's hier prima.</u>

5 Hier sind sechs Wörter durcheinander geraten. Wie heißen sie richtig?

Blumenkleid – Sauerbein – Badesalat – Abendstrauß – Eiskraut – Nudelhose

6 Acht Städte in Deutschland. Wie heißen sie?

VER – LIN – FRANK – BER – DEN – HAN – WIES – NO – MÜN – DRES – ZIG – BURG – DEN – CHEN – HAM – LEIP – FURT – BA

1. _____   5. _____
2. _____   6. _____
3. _____   7. _____
4. _____   8. _____

LEKTION 6 fünfundvierzig 45

7 Endungen aller Art. Ergänze die Wörter. Kontrolliere mit der Tonaufnahme.

An heiß_____ Sommertag_____ treffen sich viel_____ Münchn_____, die meist_____ Tourist_____, fast all_____ Student_____ und ganz sicher auch einig_____ Professor_____ im Englisch_____ Garten am Chinesisch_____ Turm. Sie kommen, um sich vom täglich_____ Stress der Großstadt, ihrer anstrengend_____ Arbeit oder dem langweilig_____ Studium zu erholen. Wer genau hinschaut, sieht auch einig_____ hoh_____ Beamt_____ aus der bayerisch_____ Staatskanzlei, dem Sitz der bayerisch_____ Regierung. Die Staatskanzlei liegt direkt am Englisch_____ Garten und die Beamt_____ und ihre Kolleg_____ aus den benachbart_____ städtisch_____ und staatlich_____ Ämtern und Ministeri_____ erholen sich hier in der kurz_____ Mittagspause vom Regier_____ und vom Verwalt_____ des „Freistaat_____ Bayern". So heißt Bayern nämlich offiziell. Den Ministerpräsident_____ von Bayern sieht man allerdings nur selten im Park und noch seltener am Chinesisch_____ Turm. Der muss nämlich den ganz_____ Tag regieren. – „Auch nicht schlecht", denkt sich mancher und stößt mit sein_____ Nachbar_____ auf den „verehrt_____ Herr_____ Präsident_____" an. – „Prost!"

8 Ein Kreuzworträtsel

1. Ein gemeinsames Essen in der Natur.
2. Ich hab heute Abend keine Zeit. Da habe ich schon eine …
3. Das tragen viele Frauen im Schwimmbad.
4. Ein Tier mit (oft) rötlichem Fell und buschigem Schwanz.
5. Das isst man besonders in Bayern gern mit Sauerkraut.
6. Er/Sie lebt allein.
7. Der Sohn der Schwester meines Vaters ist mein …
8. Ich mache jeden Sonntag einen Spaziergang im Park. Das ist eine alte … von mir.
9. Sie ist nicht meine Freundin, aber eine gute … von mir.
10. Das tragen Frauen manchmal bei einem großen Fest oder ins Theater.

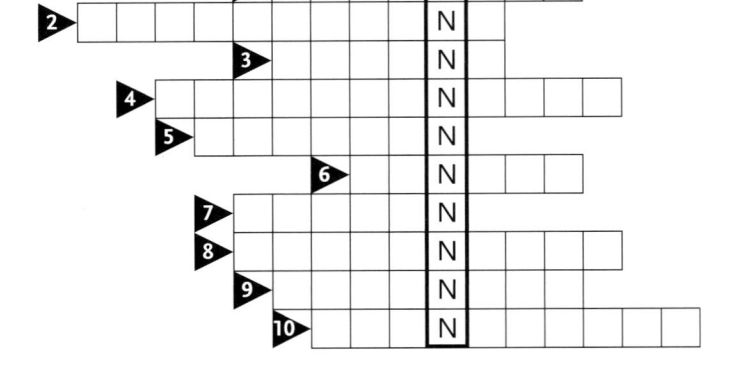

B ▪ Blasmusik und bayerische Schmankerl

1 Wer sind sie? Ergänze die folgenden Sätze.

Pamela ist <u>Amerikanerin. Sie kommt aus den USA und spricht Englisch</u>.

Vanuza ist _____.

Woijtek ist _____.

Helle ist _____.

Antonia ist _____.

Milan ist _____.

Jean ist _____.

Fernando ist _____.

Herr Becht ist _____.

Herr und Frau Sedlmaier sind _____.

Ich selbst bin _____.

2 Passiv

a) Eine der Passivformen ist falsch. Markiere sie.

1. In Bayern wird viel Schweinefleisch gegessen und Bier getrunken.
2. Am Biertisch wird viel geredet und dummes Zeug behauptet.
3. Im Biergarten wird viel gelacht und oft geregnet.

b) Schreibe die Sätze aus 2a noch einmal. Verwende dabei *man* oder *die Leute*.

1. <u>In Bayern essen</u> _____

1. <u>In Bayern isst</u> _____

LEKTION 6 siebenundvierzig

3 Fehlersuche. In jedem Satz ist ein Buchstabe falsch oder fehlt. Korrigiere die Wörter.

1. Herr Sedlmaier mag Weißwürste mit süßem Senf.   _Weißwürste_
2. In Nordeutschland sind die Menschen anders als in Bayern. _____
3. Die Mädchen in Deutschland sind wirklich Kasse. _____
4. Spät am Nachtmittag spielt eine Blaskapelle Volksmusik. _____
5. Die Deutschen können sich nicht einmal richtig unarmen. _____
6. In Bayern essen die Leute gerne Schweinbraten. _____

4 Gemütlichkeit

a) Ergänze die Adjektivendungen in den nicht ganz ernst gemeinten Sätzen.

Die nett____ und gemütlich____ Bayern ...

Alle nett____ und gemütlich____ Bayern ...

Viele nett____ und gemütlich____ Bayern ...

Einige nett____ und gemütlich____ Bayern ...

Manche nett____ und gemütlich____ Bayern ...

Welche nett____ und gemütlich____ Bayern meinen Sie eigentlich?

b) Schreibe die Sätze zu Ende. Du kannst die Bayern auch durch andere Leute ersetzen.

5 Kalte Speisen, warme Speisen. Schreibe Beispiele in die Tabelle.

Kalte Speisen	Warme Speisen
Salat	_Suppe_

6 Was wird hier bestellt? Höre zu und notiere dann die Bestellung.

Bedienung:
Also dann für Sie ein _____ und _____ .

Für die Dame _____ .

Und für die Tochter _____ und _____ .

7 Ein Brief

Vanuza hat einen deutschen Freund in São Paulo. Sie schreibt ihm über ihren Besuch in München und den Nachmittag am Chinesischen Turm. Schreibe für sie. Konzentriere dich bitte auf folgende Punkte.

- Jugendliche, die Bier trinken
- Bayern und Norddeutsche: Unterschiede / Gemeinsamkeiten
- typisch (?) deutsche Gewohnheiten

Schreibe auch eine passende Einleitung und einen Schluss.

8 Typisch deutsch?! Bringe den Dialog in die richtige Reihenfolge.

☐ *Milan:* Bei euch vielleicht nicht?
☐ *Jean:* Na klar, über Geld und Arbeit und Rente. Das sind die wichtigsten Themen.
☐ *Jean:* Nee, in Frankreich reden wir lieber über das Essen und über Mädchen.
[1] *Vanuza:* Ist euch auch aufgefallen, dass viele Leute hier so pessimistisch sind?
☐ *Woijtek:* Ja, den ganzen Tag reden sie von Problemen, Umweltkatastrophen und ...
☐ *Helle:* Das glaubst du doch selbst nicht!
☐ *Helle:* Nun übertreib mal nicht. So ist das doch gar nicht. Sie reden schon auch über andere Sachen.

9 a) Lies noch einmal den Text auf S. 67 im Buch. Ordne danach, ohne ins Buch zu schauen.

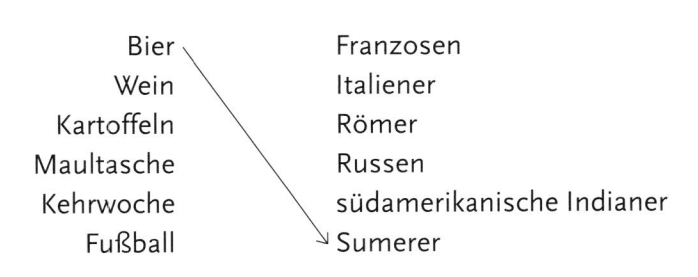

Bier — Franzosen
Wein — Italiener
Kartoffeln — Römer
Maultasche — Russen
Kehrwoche — südamerikanische Indianer
Fußball — Sumerer

b) Schreibe mit den Informationen aus 9a) und den Verben Sätze.

Die Kartoffel wurde ...

einführen – erfinden – mitbringen – kommen aus – anbauen – stammen aus

LEKTION 6

Zusammenfassung

Die *n*-Deklination

1 Ergänze die Regel.

Die Nomen der *n*-Deklination haben im D_____ und im A_____

die Endung _____ . Im Genitiv _____ oder _____ .

Nominativ	der Deutsch**e**____	der Fried**e**____
Akkusativ	den Deutsch____	den Fried____
Dativ	dem Deutsch____	dem Fried____
Genitiv	des Deutsch____	des Fried____

2 Ergänze Beispiele.

Die Zahl der Nomen mit *n*-Deklination ist klein.

1. der B_____ , der H_____ , der M_____ , der N_____ , der B_____

2. maskuline Nomen mit der Endung *-e*, z.B.:

   Personen: _____

   Nationalitäten: _____

   Tiere: _____

3. Nomen aus dem Lateinischen oder Griechischen:

   _____

4. einige abstrakte Nomen mit der Endung *-e*:

   _____

   _____

5. ein Neutrum: _____

Prüfungsvorbereitung

SPRACHBAUSTEINE (TEIL 1)

Lies die folgende Zeitungsnotiz und entscheide, welches Wort (a, b oder c) in die Lücken 1 bis 10 passt.

Krieg in der Kneipe
Geldstrafe für kämpferische Wirtin nach Bierglasattacke.

Heidemarie K., 45, ist eine Wirtin wie aus dem Bilderbuch. Kräftig und nicht auf den Mund gefallen. All diese Eigenschaften [1] sie in ihrem Bistro beim Münchner Hauptbahnhof auch gut brauchen. [2] ihre Kundschaft benimmt sich öfter sehr eigenartig. So auch an jenem 8. Juli vergangenen Jahres, als drei Männer ins Lokal drängen und einen Farbigen [3] der Theke sogleich als „Neger" beschimpfen.
Bei der tatkräftigen Wirtin [4] sie damit an der richtigen Adresse. „Ich lasse meine Gäste nicht beleidigen", sagt sie mit einer Bestimmtheit im Ton, die nichts Gutes erahnen lässt. Über den weiteren Verlauf [5] Geschichte sind die Wirtin und die drei Gäste unterschiedlicher Meinung. Fest steht, dass Frau K. irgendwann ein Bierglas nach dem schlimmsten Schreihals warf. Nur traf sie nicht den, [6] den unbeteiligten Otto F. mitten in das Gesicht.

„Das tut mir Leid", versichert sie, „der [7] immer nur an der Theke geschlafen." Doch nun tritt Otto F., 36, als Zeuge auf. „Ich habe kein Bierglas abbekommen", [8] er. „Das hat der Olli abbekommen." Richter Thomas Klein schüttelt verwundert den Kopf. Bei seiner Anzeige bei der Polizei habe er aber doch noch von [9] Bierglas gesprochen, hakt der Richter nach. „Waren Sie vielleicht betrunken", will nun der Richter vom Zeugen wissen. „Nein, absolut nicht", beharrt Otto F. Bei der Polizei hatte er aber noch von mindestens zehn Bier berichtet. Dem Richter wird es zu bunt. [10] der „widersprüchlichen" Aussagen des Zeugen könne der Sachverhalt wohl nicht mehr ganz aufgeklärt werden. Heidemarie K. habe sich in einer Art „Notwehr" befunden. Der Richter verurteilt sie wegen fahrlässiger Körperverletzung zu 50 Tagessätzen von je 20 Euro.

1.
a muss
b kann
c hat

2.
a Denn
b Weil
c Trotzdem

3.
a in
b unter
c an

4.
a war
b waren
c wären

5.
a der
b des
c dem

6.
a obwohl
b und
c sondern

7.
a hat
b ist
c muss

8.
a bestätigt
b widerspricht
c fragt

9.
a einem
b einer
c einen

10.
a Wegen
b Trotz
c Vielleicht

LEKTION 7 — SO VIEL FREIZEIT

A ■ Freizeitbeschäftigungen

1 Anagramme. Wie heißen die Freizeitbeschäftigungen?

alßubFl epenlsi **Fußball spielen**	nis ioKn eehgn _____
raarFhd narehf _____	erutmän _____
kdabtoSaer arnehf _____	znaetn _____
ttlenrek _____	tlabsne _____
eelns _____	drannwe _____
eeneshrfn _____	ginesn _____
uiMks hanemc _____	nsi haetreT eengh _____
iusMk öerhn _____	nsi orztneK eehgn _____
iarGert epeslni _____	iteSen mlaesmn _____

2 Genau lesen. In dieser Textzusammenfassung sind zwölf inhaltliche Fehler.

a) Markiere die Textstellen.

Steve ist sehr sportlich; neben dem Segelfliegen beschäftigt er sich mit Bergkristallen und er fährt auch gern Moped. Er hat schon einige Unfälle gehabt, weil er oft unsicher fährt. Auch Florian liebt das Fliegen, obwohl er Höhenangst hat. Außerdem baut er auch gern Flugzeuge. Er fährt zwar auch gern Moped, wie Steve, aber sein Lieblingssport ist Schwimmen. Am liebsten schwimmt er in Flüssen, weil man da die Landschaft und die Natur genießen kann. Annie liebt es, auf ihrem Bett zu liegen und zu träumen. Sie ist meistens richtig faul.

Aber sie hat eine große Leidenschaft: die Musik. Sie hat schon eine CD gemacht und ihr neuer Song steht auf Platz 3 in der Hitparade. Niko liebt Fußball. Er ist Fan von Borussia Dortmund. Er findet es gut, dass die Mannschaften heute international sind. Er spielt auch selbst Fußball. Wenn er nicht im Stadion ist, dann geht er ins Kino. Neulich hat er ein tolles Buch gelesen, in dem es um einen Bayern-München-Fan geht, der sein Leben nach den Spielterminen seiner Mannschaft organisiert.

b) Korrigiere die Fehler.

_____

_____

_____

3 Modalverben. Entscheide, welche Bedeutung das Modalverb *müssen* in den folgenden Sätzen hat. Markiere mit 1 (Vermutung) oder 2 (Pflicht/Notwendigkeit).

1. [2] Wenn man gute Musik machen will, <u>muss</u> man oft proben.
2. [ ] Ich <u>muss</u> in meinem früheren Leben ein Vogel gewesen sein.
3. [ ] Sie <u>muss</u> schon einmal in Amerika gewesen sein. Ihr Englisch ist ausgezeichnet.
4. [ ] Meine Freundin <u>muss</u> ihrer Mutter jeden Tag in der Küche helfen.
5. [ ] Ich <u>muss</u> mich da geirrt haben.
6. [ ] <u>Musst</u> du das unbedingt jetzt machen?
7. [ ] Ich <u>muss</u> ja nicht damit fliegen.
8. [ ] Wir <u>müssen</u> das unbedingt noch vor dem Wochenende besprechen.

4 Ergänze die Pronominaladverbien. Mehrere Lösungen sind möglich.

wovon – woran – worauf – womit – wohin – worüber

- Ich verstehe nicht, _____ du die ganze Zeit redest.
- Na sag mal, noch nie was von Einsteins „Relativitätstheorie" gehört?

  (Energie gleich Masse mal Lichtgeschwindigkeit im Quadrat)

- _____ denkst du gerade?
- An meine nächste Klassenarbeit in Deutsch.

- _____ soll ich denn den Zahn ziehen?
- Am besten mit einer Zange, denke ich.

- _____ hast du das Buch gelegt?
- Auf das Sofa, hörst du denn nicht?

5 Ergänze die Präpositionen und Fragewörter.

auf – mit – über – wem – wen – welchen

- _____ _____ gehst du heute Abend aus?
- Mit Bernd.

- _____ _____ wartest du denn?
- Auf meine Freundin.

- _____ _____ Witz habt ihr denn so laut gelacht?
- Kommt ein Frosch in ein Milchgeschäft. Die Verkäuferin fragt: „Was möchten Sie?" Sagt der Frosch: „Quaaaak!"
- Aha …

6 Ergänze passende Pronominaladverbien.

● D_____ habe ich nicht gerechnet!

◆ D_____ müssen Sie aber rechnen, das ist nämlich eine Nebenstraße.

D_____ müssen Sie 300 Euro bezahlen und den Schaden.

● W_____ 300 Euro?

◆ Na, für das Abschleppen.

● Aber das ist doch gar nicht mein Auto.

◆ Wieso?

7 Verben und Nomen

a) Was passt zusammen? Es gibt mehrere Möglichkeiten.

b) Schreibe fünf Beispielsätze auf.

Gleitschirm 1	a spielen
Flugzeuge 2	b lesen
Bergkristalle 3	c sammeln
Bassgitarre 4	d schwimmen
Krimis 5	e basteln
ein Lied 6	f fliegen
Schwimmbad 7	g schreiben
Meer 8	h fliegen lassen
Fußball 9	i suchen
Steine 10	j komponieren

8 Fantasieren. Schreibe vier ungewöhnliche Dinge auf, die du gerne bzw. am liebsten machen würdest.

> Ich würde gerne auf einem Fußball über das Meer fliegen. Am liebsten würde ich ...

9 Lies noch einmal die Texte im Schülerbuch (S. 70–71). Schreibe dann einen Text über deine eigene Freizeit.

B ■ Fan und Fußballstar

1 Niko ist wütend. Er darf nicht zum Fußballspiel gehen und soll lernen. Stattdessen schreibt er an seinen E-Mail-Freund Andrzej in Warschau. Schreibe Nikos E-Mail. Verwende dabei folgende Stichwörter.

wichtiges Spiel – es geht um die Revanche – alle Freunde gehen hin, nur ich nicht – Französischarbeit – keine Ahnung – unfair ...

Thema
Fußball – Mutter – GRRR!!!
Inhalt

Hi Andrzej,
kannst du dir das vorstellen? Meine Mutter hat mir verboten _____

Ich glaub, ich muss jetzt aufhören. Sie kommt gerade die Treppe rauf.
Also tschüs! Du hörst wieder von mir.
Niko

2 Wie siehst du das? Suche dir eine Äußerung von Nikos Mutter heraus und schreibe deine Meinung dazu.

1. „Es geht vor allem um die Schule und darum, dass du für die Französischarbeit lernst."
2. „Die sollen machen, was sie wollen, und wenn die Eltern das erlauben, dann ist das deren Sache."
3. „Das Leben besteht nicht nur aus Freizeit und Fußball."

3 Drei Fußballerwitze. Bringe die Sätze in die richtige Reihenfolge.

☐ Der Bankräuber sagt: „Geld her – oder ich schieße."
☐ Der Fußballstar sagt: „Geld her – oder ich schieße nicht!"
☐ Was ist der Unterschied zwischen einem Bankräuber und einem Profi-Fußballer?

☐ Besorgt kommt ihm der Trainer entgegen und fragt: „Bist du verletzt?"
☐ Der Mittelstürmer humpelt vom Fußballplatz.
☐ Der Mittelstürmer: „Nein, mein Bein ist nur eingeschlafen!"

☐ fragt der Trainer entsetzt den Mittelstürmer.
☐ Mittelstürmer: „Die Tore sehen sich so verdammt ähnlich!"
☐ „Warum hast du denn ein Eigentor geschossen?",

4 Kleine Geschichte des Ballspiels

a) Lies den Text und entscheide, welche Aussagen richtig oder falsch sind.

Ballspiele, bei denen ein Ball (wahrscheinlich aus Fellen zusammengenäht) mit den Füßen getreten wurde, sind aus China überliefert, aus der Zeit um 2 700 vor unserer Zeitrechnung. An den europäischen Mittelmeerküsten mit ihren spielfreudigen Bewohnern gab es solche Spiele mit Sicherheit vor 2 000 Jahren. Als Vorläufer des heutigen Fußballspiels können jedoch erst Mannschaftsspiele des ausgehenden Mittelalters gelten, bei denen ein mit Stroh gestopfter Lederball gegen den Widerstand der Verteidiger in ein wirkliches Tor – Stadttor, Kirchentor, Haustor oder Bogen einer kleinen Brücke – getreten wurde. Die Mannschaften bestanden aus vielen Spielern, feste Regeln gab es nicht; manchmal spielten ganze Großfamilien oder Dörfer gegeneinander. Dabei gab es Verletzte oder auch Tote, Gebäude wurden demoliert. In Frankreich und England wurden solche Spiele der unteren sozialen Schichten (Landarbeiter, Bauern, Handwerker) mehrfach verboten. 1855 wurde im englischen Sheffield der erste Fußballklub gegründet; dort spielte man nach Regeln, die dem heutigen Spiel ähnlich sind: Das Handspiel wurde verboten, der Torwart eingeführt, die Mannschaftsstärke auf 11 Spieler begrenzt. Den ersten deutschen Fußballklub gab es 1878 in Hannover, die ersten Deutschen Meisterschaften 1902.

1. R F Ballspiele gab es schon in China.
2. R F Schon bei den Römern war Fußball ein Mannschaftsspiel.
3. R F Ballspiele gibt es schon seit etwa 2700 vor Christus.
4. R F Feste Regeln wurden im Fußball erst im 19. Jahrhundert eingeführt.
5. R F Die ersten Fußballklubs gibt es seit 1878.
6. R F Im Mittelalter gab es bei Fußballspielen viel Gewalt.
7. R F Das Handspiel wurde im englischen Sheffield als neue Regel eingeführt.
8. R F In Frankreich und England war Fußball zum Teil nicht erlaubt.
9. R F Den ersten Fußballklub in Europa gab es 1878 in Hannover.
10. R F Im Jahre 1855 wurde die Mannschaftsstärke auf 11 Spieler begrenzt.

b) Korrigiere die falschen Aussagen.

5 Fußball wörtlich. Welcher Begriff passt zu welchem Bild?

Flügelspiel   das Bein stehen lassen
Ballgefühl   kopflos spielen
Eckball   flacher Ball
Torjäger   Faustabwehr
Sportgeist

1. das Bein stehen lassen
2. _____ 
3. _____ 
4. _____ 
5. _____ 
6. _____ 
7. _____ 
8. _____ 
9. _____

Zusammenfassung

SO FUNKTIONIERT ES

1 Pronominaladverbien. Ergänze die Sätze.

• _____ ärgerst du dich denn so?

♦ Dass wir schon wieder einen Test schreiben.

• _____ ärgere ich mich auch.

• Sag mal, _____ redet Frau Markwarth eigentlich die ganze Zeit?

♦ Ich glaube, sie erklärt die Adjektivdeklination.

• _____ kann man so lange sprechen?

2 Fragewörter mit Präpositionen. Ergänze.

Pronominaladverbien beziehen sich nur auf Sachen oder Sachverhalte, nie auf P_____ .

Bei P_____ werden P_____ + F_____ verwendet.

• Auf _____ freust du dich denn so?
♦ Auf meine Freundin. Sie kommt morgen nach Hause.

• Über _____ hast du dich denn so geärgert?
♦ Über meinen Mathelehrer. Er ist richtig gemein.

• Mit _____ lernst du zusammen?
♦ Mit Angelika. Sie ist echt gut in Mathe.

• Mit _____ Fahrrad bist du heute gekommen?
♦ Es gehört meinem Vater. Er weiß nicht, dass ich damit fahre.

Woran denkst du gerade?

An dich, Schatz.

Prüfungsvorbereitung

SPRACHBAUSTEINE (TEIL 2)

Lies den Text und entscheide, welche Wörter a–o in den Text passen. Du darfst jedes Wort nur einmal verwenden. Nicht alle Wörter passen in den Text.

München ist ⬜1 Zweifel eine der ⬜2 Städte unserer Republik. Das angenehme Klima, die schönen Frauen, die Biergärten und der Englische Garten ziehen ⬜3 Jahr tausende von Menschen in ihren Bann. Berühmtheit erlangte die Stadt München durch viele Ereignisse. Sei es das Oktoberfest, ⬜4 jedes Jahr mehr als eine Million Besucher anlockt, ⬜5 die „Schickeria", das Gesellschaftsleben der Reichen und Schönen, das in keiner deutschen Stadt so gelebt ⬜6 wie in München. Da passt es doch, ⬜7 diese Weltstadt mit Herz gleich zwei große Fußballvereine hat. Um in der chronologischen Reihenfolge zu bleiben, ist da zunächst der TSV 1860 München zu nennen, ⬜8 Fußballabteilung am 6. März 1899 entstand. 1911 ⬜9 der Löwe als Vereinswappen eingeführt, der eigens einen zweiten Schwanz bekam, damit man ihn nicht mit dem Brauereilöwen verwechselt. Im gleichen Jahr kauften die Löwen ein Grundstück an der Grünwalder Straße, ⬜10 dort nach dem Bau eines Stadions ihre Spiele austragen zu können. Der Arbeiter-Klub TSV 1860 München war geboren.

⬜ a wurde
⬜ b dessen
⬜ c dort
⬜ d ohne
⬜ e mit
⬜ f würde
⬜ g schönsten
⬜ h jedes
⬜ i oder
⬜ j dass
⬜ k wird
⬜ l trotz
⬜ m um
⬜ n anstatt
⬜ o das

HÖRVERSTEHEN (DETAIL)

Du hörst nun die Fortsetzung der Geschichte der Münchner Fußballvereine. Dazu sollst du zehn Aufgaben lösen. Höre das Gespräch zweimal. Markiere beim ersten Hören (oder danach) bei jeder Aussage unten, ob sie richtig oder falsch ist. Höre dann noch einmal und kontrolliere deine Ergebnisse.

1. [R] [F] Der FC Bayern München wurde Anfang des Jahres 1900 gegründet.
2. [R] [F] Vorher spielten die Gründungsmitglieder in einem anderen Verein.
3. [R] [F] Einer der Gründer des FC Bayern München hieß Franz Beckenbauer.
4. [R] [F] 1860 München und der FC Bayern hatten lange Zeit das gleiche Fußballstadion.
5. [R] [F] Seit 1972 spielt der FC Bayern im Olympiastadion.
6. [R] [F] 1860 München spielt auch in einem neuen Stadion.
7. [R] [F] Bayern ist eher der Klub der „Reichen" und 1860 der Klub der „Arbeiter".
8. [R] [F] 1860 München hat heute viel mehr Mitglieder als Bayern München.
9. [R] [F] Beim Derby treffen sich die Fans beider Vereine und feiern zusammen.
10. [R] [F] Die Vereinsfarbe der Bayern ist rot und die von 1860 grün.

LEKTION 8 — EIN TAG IM LEBEN DER LOLA RICHTER

A ▪ Donnerstag, 3. Mai (Teil 1)

1 Tagesablauf. Ergänze die Verben im Präteritum.

anziehen – aussehen – beobachten – geben – gehen – gehen – müssen – müssen – sehen – sein – sitzen – sitzen – verteilen – vorbereiten – wecken – werfen

Am Donnerstag _____ Lola wie immer um halb sieben aufstehen. Sie _____ ins Bad und _____ zuerst aus dem Fenster. Schlechtes Wetter. Es _____ ein trüber und kalter Tag. Sie _____ sich als Kontrast zum Wetter einen roten Pullover _____. Dann _____ sie ihre Mutter und _____ das Frühstück _____. Es _____ Kaffee und Orangensaft, Cornflakes und Brot mit Marmelade. Ihre Mutter _____ müde und traurig _____. Sie _____ wieder zum Arbeitsamt gehen, um nach Arbeit zu suchen. Als Lola endlich im Bus _____, _____ sie einen Blick in ihr Mathebuch. Mathearbeit! Zehn Sekunden vor dem Klingeln _____ sie auf ihrem Platz im Klassenzimmer. Kurz darauf _____ ihr Mathelehrer die Klassenarbeitshefte. Er _____ grinsend durch die Bankreihen und _____ die Schüler.

2 Unregelmäßige Verben. Ergänze die fehlenden Stammformen.

schreiben	er/sie **schrieb**	hat _____
vergleichen	er/sie _____	hat _____
austragen	er/sie _____	hat _____
kennen	er/sie _____	hat _____
verstehen	er/sie _____	hat _____
anziehen	er/sie _____	hat _____

3 Ergänze die passenden Formen: *um ... zu* oder *zu*.

1. Für nächstes Jahr planen meine Eltern,

   _____

   (einen VW-Bus kaufen),

   _____

   (eine Reise nach Finnland machen können).

2. Nächstes Jahr wollen meine Freundin und ich einen Interrail-Pass kaufen,

   _____

   (in ganz Europa billig Bahn fahren können).

3. Nach dem Abitur hoffen wir,

   _____

   (eine Weltreise machen können),

   _____

   (andere Kulturen kennen lernen).

4. Wir haben uns vorgenommen,

   _____

   (Zeitungen austragen),

   _____

   (Geld für unsere Reisen verdienen).

5. Ich hoffe, es gelingt uns, möglichst viel

   _____

   (Geld sparen).

4 Ergänze die Präpositionen.

auf – auf – durch – in – mit – nach – unter

Zehn Sekunden _____ dem Klingeln sitze ich _____ meinem Platz.

Herr Geritz verteilt die Klassenarbeiten. Er geht grinsend _____ die

Bankreihen und beobachtet uns. Er verdächtigt jeden, einen Zettel _____ der Bank

oder _____ der Tasche versteckt zu haben. Aber er hat noch nicht bemerkt, dass einige

ihre Formeln _____ der Toilette _____ dem Handy bei Freunden abrufen.

LEKTION 8 einundsechzig 61

5 Was erlauben deine Eltern und was nicht? Schreibe Sätze.

1. alleine oder mit Freunden in die Ferien fahren

   Meine Eltern erlauben mir

2. Kleider von ihnen anziehen

3. fernsehen, was und so lange ich will

4. jeden Tag Computer spielen

5. mit Freunden ausgehen

6. abends Hausaufgaben machen

7. den ganzen Sonntag durchschlafen

8. laut Musik hören

6 Tagebücher. Suche dir eine Person aus und schreibe ihren Tagebucheintrag für Donnerstag, den 3. Mai.

Herr Geritz – Philip – Elena – Hanna – Thomas – Simone – Lolas Mutter

Donnerstag, 3.5.
Wieder so ein nerviger Schultag. Doppelstunde in der 9B. Klassenarbeit. Ein Blick in die Hefte und mein Tag war gelaufen. Ich weiß nicht, was ich noch machen soll. Sie versuchen zu betrügen und schreiben dann auch noch die Ergebnisse falsch ab. Manchmal habe ich keine Lust mehr.
Nach der Schule habe ich mich mit Tina getroffen. Sie ...

B ▪ Donnerstag, 3. Mai (Teil 2)

1 Unterstreiche das richtige Verbindungswort.

1. Lolas Mutter, der/das/die müde vom Arbeitsamt zurückkommt, muss noch den Hund ausführen.

2. Lolas Hund heißt Van Gogh, obwohl/da/weil ihm ein bissiger Kampfhund ein halbes Ohr abgebissen hat.

3. Lola versteht sich nicht besonders gut mit der neuen Freundin ihres Vaters, weil/aber/denn sie reden miteinander.

4. Für ihre Oma, der/das/die Lola für ihre Hilfe in schweren Zeiten dankbar ist, muss Lola noch ein Geburtstagsgeschenk kaufen.

5. Lola muss Hausaufgaben machen, weil/aber/denn ihr Kopf will nicht.

6. Lola ruft Thomas an, da/denn/weil/aber er weiß auch nicht, was/wen/warum sie in Geschichte aufhaben.

2 Bringe den Dialog zwischen Lola und ihrer Mutter in die richtige Reihenfolge.

- [1][1] Hast du heute Erfolg gehabt?
- [1][ ] Aber das ist doch toll.
- [1][ ] Aber du hast doch schon im Büro mit Computer geschrieben.
- [1][ ] Find ich richtig spannend. Das musst du einfach machen. Das ist die Chance.
- [2][ ] Nein, es war wieder nichts. Sie haben mir vorgeschlagen, eine Umschulung zu machen.
- [2][ ] Ich weiß nicht, aber vielleicht hast du Recht. Ich kann es mir ja noch mal überlegen.
- [2][ ] Nein, dafür fühle ich mich zu alt. Ich will nichts mehr mit dem Computer machen.
- [2][ ] Das ist doch etwas ganz anderes. So ungefähr wie Maschine schreiben. Aber jetzt soll ich mit dem PC Web-Designs entwerfen. Ich weiß gar nicht, was das ist.

3 Was sagst du, wenn du total sauer bist? Markiere die passenden Adjektive.

1. Ich habe die Nase kalt/voll/lang.
2. Das lässt mich total allein/kalt/gut.
3. Wie ich das hasse/finde/sehe.
4. Das ist so gemein/langweilig/doof.
5. Du bist so lieb/blöd/toll.

LEKTION 8 dreiundsechzig 63

4 Nomen und Verben

a) Was passt zusammen?

b) Bilde mit jedem der Wortpaare rechts einen Satz im Perfekt.

Das Telefon hat geklingelt.

Telefon	abschicken
Hemden	anfangen
mit dem Hund	anrufen
vom Einkaufen	ausmachen
die Wahrheit	feiern
Geburtstag	herausfinden
den Freund	klingeln
einen Termin	machen
eine Umschulung	spazieren gehen
einen Brief	waschen und bügeln
mit den Hausaufgaben	zurückkommen

5 Stimmungen. Schreibe Sätze über dich oder andere wie im Beispiel.

Ich – Wir – Meine Freunde – Meine Eltern – Mein Bruder – Meine Schwester …
immer – oft – manchmal – selten …
weil – wenn – obwohl …

<u>Wir sind immer</u> fröhlich, <u>wenn wir die Mathearbeit hinter uns haben.</u>

_____ lustig, _____

_____ zufrieden, _____

_____ unzufrieden, _____

_____ unruhig, _____

_____ nachdenklich, _____

_____ nervös, _____

6 Was drücken die Modalverben in folgenden Sätzen aus?

~~Verbot~~ – Fähigkeit – Unfähigkeit – Vermutung – Wunsch – Notwendigkeit – Auftrag

1. Du darfst morgen nicht ins Kino gehen.   Verbot
2. Ich kann gut Fußball spielen.   _____
3. Ich kann nicht schwimmen.   _____
4. Ich möchte die ganze Welt kennen lernen.   _____
5. Du musst noch deine Hausaufgaben machen.   _____
6. Ich soll dir dieses Buch geben.   _____
7. Ich weiß nicht, wo sie ist. Sie könnte im Kino sein. _____

7 Fantasiegeschichten.

a) Wähle eines oder zwei der Bilder auf S. 87 im Kursbuch aus.

b) Notiere dazu alle Wörter, die dir einfallen.

c) Erfinde eine kurze Geschichte zu dem Bild. Verwende darin möglichst viele der Wörter, die du notiert hast.

Raumschiff Space-Shuttle
die Reise zum Mars
Abenteuer
Unfall
Problem
Gewitter
Sturm
Blitz
aufwachen
im Bett liegen
schlechter Traum

Donnerstag, 3. Mai 2025. Das Raumschiff steht bereit zum Start. Heute beginnt meine erste Reise zum Mars. Ich habe zehn Jahre dafür trainiert. Es wird ein großes Abenteuer. Mit mir fahren mein Hund Lumpi, meine Freundin Erika und noch 20 andere Passagiere.

Zusammenfassung

SO FUNKTIONIERT ES

Bedeutung der Modalverben. Ergänze Modalverben in der richtigen Form.

Beispiele	Bedeutung
Du _darfst_ den Film um 20 Uhr sehen.	Erlaubnis
Sie _____ morgen keinen Test schreiben.	Verbot
Du _____ hier viel lernen.	Möglichkeit
Ich _____ Gitarre spielen.	Fähigkeit
Du _____ hier nichts lernen.	Unmöglichkeit
Ich _____ nicht Gitarre spielen.	Unfähigkeit
Sie ist nicht da. Sie _____ im Kino sein.	Vermutung
Ich _____ Techno nicht.	Nichtgefallen
Ich _____ nach Wien fahren.	Wunsch
Du _____ den Salat essen.	Befehl/Zwang
Es ist schon acht, ich _____ jetzt gehen.	Notwendigkeit
Ich sehe Licht. Sie _____ zu Hause sein.	Konsequenz/Vermutung
Sie _____ diese Wörter nicht lernen.	kein Zwang
Du _____ jetzt still sein.	Befehl
Ich _____ Ihnen diesen Brief geben.	Auftrag
Das Beispiel _____ dir helfen.	Zweck
Er _____ sehr reich sein.	Gerücht
Du _____ nicht töten.	Verbot
Ich _____ nach Wien fahren.	Wunsch/Wille

Prüfungsvorbereitung

SCHRIFTLICHER AUSDRUCK

Du hast folgenden Text auf einer Homepage für Brieffreundschaften gefunden.

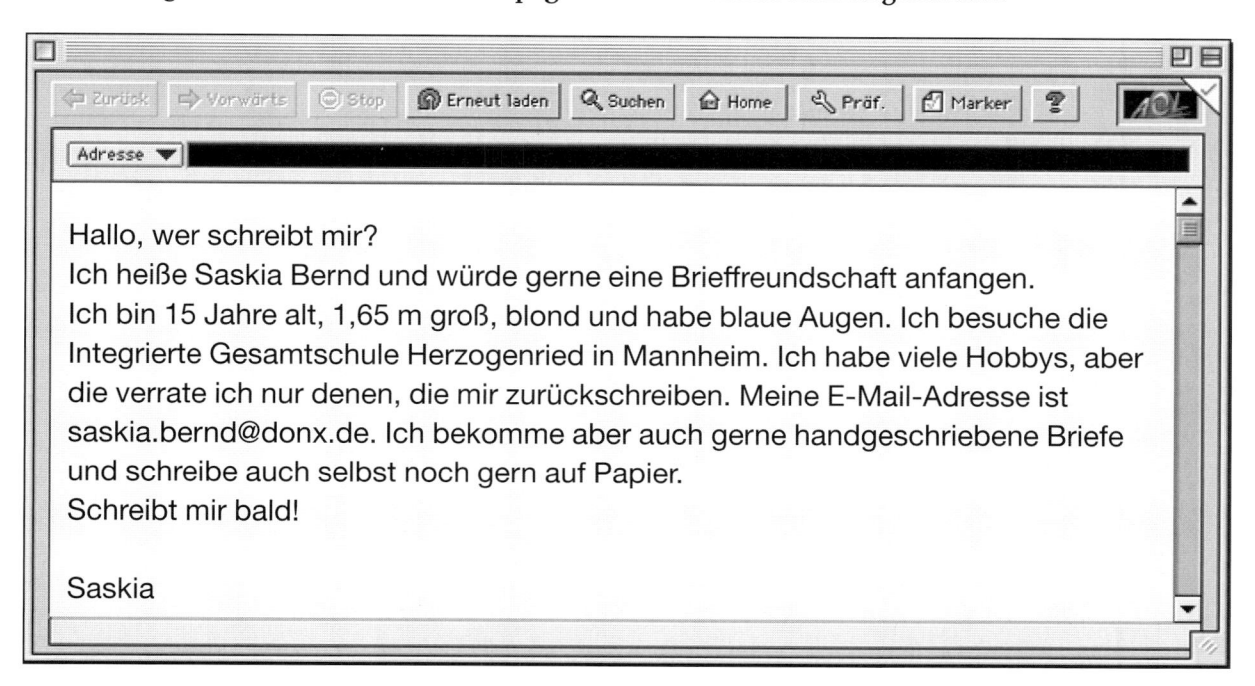

> Hallo, wer schreibt mir?
> Ich heiße Saskia Bernd und würde gerne eine Brieffreundschaft anfangen.
> Ich bin 15 Jahre alt, 1,65 m groß, blond und habe blaue Augen. Ich besuche die Integrierte Gesamtschule Herzogenried in Mannheim. Ich habe viele Hobbys, aber die verrate ich nur denen, die mir zurückschreiben. Meine E-Mail-Adresse ist saskia.bernd@donx.de. Ich bekomme aber auch gerne handgeschriebene Briefe und schreibe auch selbst noch gern auf Papier.
> Schreibt mir bald!
>
> Saskia

Schreibe einen Antwortbrief. Du hast 30 Minuten Zeit. Schreibe etwas zu den folgenden Punkten:

- Stelle dich vor.
- Sage, warum du dich für eine Brieffreundschaft mit Saskia interessierst.
- Schreibe etwas über deine Hobbys und Interessen.
- Sage, wo du wohnst und was deine Eltern machen.
- Frage Saskia nach weiteren Informationen über sie und ihre Familie.

LEKTION **9** ERFINDER

A ■ www.erfinderfamilie.de

1 Hier sind zwei Erfindungen durcheinander geraten.

a) Welche Erfindungen sind es?

1. _____   2. _____

Um zu verhindern, dass Blätter und sonstige Verunreinigungen eindringen, wird ein doppelseitiges Klebeband am Rand der Einlassöffnung aufgeklebt. Durch das Eintauchen der Kanne in die Regentonne bleiben die Ameisen aber nicht an dem Klebeband hängen, weil sie spüren, dass da etwas nicht stimmt, und der Bewässerung steht nichts mehr im Wege. Überraschenderweise öffnet sich das Ventil und Wasser strömt in den Innenraum. Das Sieb an der Decke verhindert, dass die kleinen Tierchen auf die Decke krabbeln. Wenn das Ventil angehoben wird, schließt es sich und sie bleiben dem Essen auf der Decke einfach fern.

b) Markiere zuerst die Elemente im Text und schreibe die Erfindungen dann richtig auf.

2 Was ist was? Lies den Text und schreibe die passende Nummer zu den unterstrichenen Wörtern.

Jeder kennt das: Wäscheständer in der Wohnung oder im Garten aufstellen? Da der Trocknungseffekt im Freien besser als in geschlossenen Räumen ist, entscheidet man sich für draußen – mit der Gefahr, dass bei Regen die Wäsche wieder nass wird. Dieses ist nun endlich vorbei, denn hierfür gibt es den „Wäscheständer mit Regenschutz". Auf einem handelsüblichen Wäscheständer ☐ wird auf einer Seite eine Aufrollautomatik ☐ angebaut. Auf der gegenüberliegenden Seite wird eine Markisenfolie ☐ mittels einer Kurbel auf eine Rolle aufgerollt und mit einem Stück Toilettenpapier ☐ (ein- oder zweilagiges hat sich am besten bewährt), das zwischen die Kurbel gespannt wird, gesichert. Regnet es nun, weicht das Toilettenpapier durch und gibt den Mechanismus frei, wodurch die Folie über die Wäsche ☐ gespannt wird.

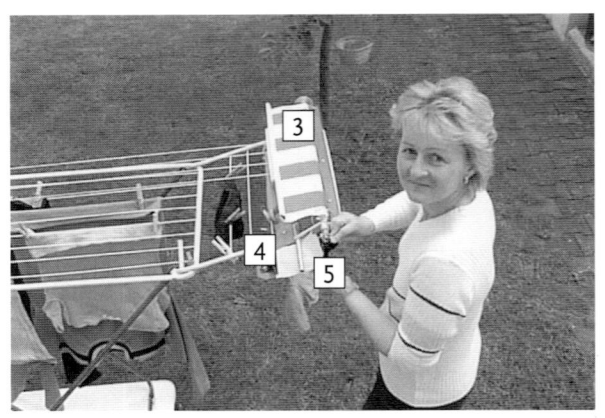

3 Passivsätze. Schreibe die folgenden Erklärungen neu und verwende statt der unterstrichenen Teile Passivformen.

1. Man freut sich auf ein Picknick und schon <u>überfallen</u> einen die Ameisen. Damit das nicht passiert, <u>kann</u> man ein doppelseitiges Klebeband am Rand der Picknickdecke <u>aufkleben</u>. Auf diese Art <u>kann</u> man die Ameisen leicht von der Decke <u>fern halten</u>.

   _____
   _____
   _____
   _____

2. Um das Einstellen eines bestimmten Radius zu vereinfachen, <u>baut</u> man am Zirkel eine Mechanik <u>ein</u>, bei der man durch einen Drehgriff den Radius direkt <u>einstellen kann</u>.

   _____
   _____
   _____

4 Schreibe Passivsätze, die mit *nachdem* beginnen.

1. (Zwei Festrollen hinten am Schlitten montieren.) Danach kann der Fahrspaß beginnen.

   Nachdem zwei Festrollen hinten am Schlitten montiert worden sind,
   _____

2. (Handy-Cap aufsetzen und Handy einlegen.) Beide Hände sind frei zum Autofahren.

   _____
   _____

Und was ist das für ein Gerät?

3. (?? anschalten und CD-ROM einlegen.) Der Spielespaß kann beginnen.

   _____
   _____

LEKTION 9 neunundsechzig

5 Verbinde die folgenden Sätze mit *damit* oder *um ... zu*, wo das möglich ist.

1. Am Sommerschlitten sind vorne und hinten Rollen montiert. Man kann auch im Sommer Schlitten fahren.

2. Am Rand der Picknickdecke ist ein doppelseitiges Klebeband aufgeklebt. Die Ameisen können nicht mehr auf die Decke krabbeln.

3. In den Boden der Gießkanne ist ein Einlassventil eingebaut. Das Wasser kann beim Eintauchen von unten einströmen.

4. Autofahrer sollten die Handy-Cap aufsetzen. Sie können auch beim Fahren telefonieren.

6 Fünf-Satz-Text.
Suche dir eine Erfindung aus und schreibe deine Meinung dazu. Lies zuerst das Beispiel.

dumm – nützlich – brauchbar – überflüssig – tolle Idee – Quatsch – gefährlich – witzig ...

> 1. Die Erfindung mit dem Sommerschlitten finde ich eigentlich gut.
> 2. Aber es gibt ein Problem, weil der Schlitten nicht gut auf Rasen fährt.
> 3. Man müsste also Räder an den Schlitten bauen, die gut auf Rasen rollen.
> 4. Dennoch bleibt das Problem, dass man den Schlitten schlecht steuern und bremsen kann.
> 5. Ich meine deshalb, dass der Schlitten für Kinder zu gefährlich ist.

B ■ Peter Bichsel: Der Erfinder

1 Wiederholung: Präteritum. Ergänze den Text.

Der Erfinder ___wohnte___ (wohnen) weit weg von der Stadt. Er _____ (verlassen) sein Haus nie und hatte selten Besuch. Er _____ (rechnen) und _____ (zeichnen) den ganzen Tag. Er _____ (sitzen) stundenlang da, _____ (legen) seine Stirn in Falten, _____ (fahren) sich mit der Hand immer wieder übers Gesicht und _____ (denken) nach.

Immer wieder _____ (nehmen) er seine Berechnungen, _____ (zerreißen) sie und _____ (werfen) sie weg und _____ (beginnen) wieder von neuem und abends war er schlecht gelaunt, weil die Sache nicht _____ (gelingen). Er _____ (finden) niemanden, der seine Zeichnungen _____ (verstehen), und es hatte für ihn keinen Sinn, mit den Leuten zu sprechen.

Seit über vierzig Jahren _____ (sitzen) er an seiner Arbeit und wenn ihn einmal jemand _____ (besuchen), _____ (verstecken) er seine Pläne, weil er _____ (fürchten), man könnte von ihm abschreiben oder man könnte ihn auslachen.

Er _____ (gehen) früh zu Bett, _____ (stehen) früh auf und _____ (arbeiten) den ganzen Tag. Er _____ (bekommen) keine Post, _____ (lesen) keine Zeitungen und _____ (wissen) nicht, dass es Radios gibt.

Und nach all den Jahren _____ (kommen) der Abend, an dem er nicht schlecht gelaunt war, denn er hatte seine Erfindung erfunden. Er _____ (schlafen) jetzt überhaupt nicht mehr. Tag und Nacht _____ (sitzen) er über seinen Plänen und _____ (prüfen) sie nach und sie stimmten. Dann _____ (rollen) er sie zusammen und _____ (gehen) in die Stadt.

2 Schlage die Adjektive im Wörterbuch nach. Welche Adjektive passen zu Peter Bichsels Erfinder? Wähle drei Adjektive aus und begründe deine Auswahl.

altmodisch – dumm – sehr gewissenhaft – genau – langweilig – versponnen – nachdenklich – fortschrittlich – kreativ – menschenscheu ...

> Ich finde den Erfinder ..., weil ...
> Aber er ist auch ..., denn ...
> Darüber hinaus finde ich, dass er ... ist.
> Wenn er nämlich ...

3 Hier ist ein Ausschnitt aus der Geschichte. Ergänze die Satzelemente 1 bis 10.

1. weil es das Fernsehen schon lange gibt
2. Er schaute den Erfinder lange an
3. ich habe das Fernsehen erfunden
4. ich habe etwas erfunden
5. Seine Pläne ließ er liegen
6. Soll ich ihn einstellen?
7. und ging bei Grün weiter
8. und tippten mit dem Finger an die Stirn
9. Warum lachen Sie?
10. als wäre nichts geschehen

Die Leute taten so, 10 , sie stiegen ein und aus, und der Erfinder rief: „Schaut doch, ☐ . Sie können damit sehen, was weit weg geschieht." „Der hat das Fernsehen erfunden", rief jemand, und alle lachten.

„☐", fragte der Mann, aber niemand antwortete, und er stieg aus, ging durch die Straßen, blieb bei Rot stehen ☐ , setzte sich in ein Restaurant und bestellte einen Kaffee, und als sein Nachbar zu ihm sagte: „Schönes Wetter heute", da sagte der Erfinder: „Helfen Sie mir doch, ☐ , und niemand will es glauben – alle lachen mich aus." Und sein Nachbar sagte nichts mehr. ☐ , und der Erfinder fragte: „Warum lachen die Leute?" „Sie lachen", sagte der Mann, „☐ und weil man das nicht mehr erfinden muß", und er zeigte in die Ecke des Restaurants, wo ein Fernsehapparat stand, und fragte: „☐" Aber der Erfinder sagte: „Nein, ich möchte das nicht sehen." Er stand auf und ging. ☐ .
Er ging durch die Stadt, achtete nicht mehr auf Grün und Rot, und die Autofahrer schimpften ☐ .

4 Zehn Erfindungen.

a) Schreibe die Wörter zu den Bildern. Das Wörterbuch hilft.

Kartoffelschäler
Armbanduhr
Pistole
Schuhlöffel
Korkenzieher
Füller
Schraubenzieher
Brille
Handy
CD

1. Korkenzieher  2.   _____ 3. _____
4.  _____ 5.  _____ 6.  _____ 7. _____ 
8.  _____ 9.  _____ 10. _____ 

b) Welche der Erfindungen in 4a) findest du wichtig für dich? Welche findest du nicht wichtig oder überflüssig? Schreibe einen Text und begründe deine Meinung.

5 Fantasiegeschichte. Erfinde eine Geschichte, in der acht von den zwölf Stichwörtern vorkommen.

der Kühlschrank – der Computer – sich verabreden – eine Pizza bestellen – das Handy – einen Film sehen – Freunde treffen – bezahlen – vierzig Jahre – das Flugzeug / der Hubschrauber – Internet – zu Fuß

Zwei Beispiele, wie du deine Geschichte beginnen kannst:

> 3. März 2030. Der Kühlschrank hat mich angerufen und mir gesagt, dass er leer ist.

> Noch vor ein paar Jahren, so um das Jahr 2030, habe ich mich oft mit meinen Freunden getroffen, aber jetzt ist alles anders.

6 Im Deutschen kann man beliebig viele Wörter zu einem Wort verbinden. Hier ist ein Beispiel.

a) Markiere die Einzelwörter in diesem Wort.

Donau|dampfschifffahrtsgesellschaftskapitänsmütze

b) Versuche die Bedeutung dieses langen Wortes in einem oder mehreren Sätzen zu erklären, z.B.:

<u>Das ist die Mütze eines Kapitäns, der</u>

LEKTION 9 dreiundsiebzig 73

Zusammenfassung

SO FUNKTIONIERT ES

1 Wortbildung

Im Deutschen gibt es im Wesentlichen zwei Möglichkeiten, neue Wörter zu bilden.

1. Ableitungen (Präfixe/Suffixe). Ergänze die Wörter.

_____finden; Erfind_____ ; Erfind_____ ; erfind_____ sr_____ ;

Erfindungsr_____t_____

2. Komposita. Ergänze den ersten oder zweiten Teil der Wörter. Es gibt viele Möglichkeiten.

_____familie   Taschen_____   Glas_____   wunder_____

2 Nomen aus Verben

Ergänze die Erklärung und die Beispiele:

Aus vielen V_____ kann man N_____ machen.

Der Artikel ist dann immer _____ .

    hören   _____ Hören ist die Voraussetzung für das Sprechen.

    lesen   _____ Lesen und _____ Schreiben muss man auch üben.

eintauchen   Bei_____ Eintauchen in Wasser füllt sich die Kanne.

3 Zustandspassiv

Im Passiv wird meist ein Vorgang beschrieben. Wenn dieser Vorgang abgeschlossen ist, sprechen wir von einem Zustand. Wir unterscheiden:

Vorgangspassiv

Das Haus _____ gebaut.

Der Artikel _____ _____ schrieben.

Der Wald _____ zerstör____

Zustandspassiv

Das Haus _____ gebaut.

Der Artikel _____ _____ schrieben.

Der Wald _____ zerstör____ .

Das Zustandspassiv wird so gebildet:

eine Form von _____ + Verb im _____ II.

Prüfungsvorbereitung

LESEVERSTEHEN (DETAIL)

Lies den Zeitungsartikel und löse dann die Aufgaben 1 bis 5 unten. Entscheide, welche Lösung (a, b oder c) jeweils richtig ist.

Tickets aus dem Internet gegen Schlangen an den Kassen

Darmstadt (dpa) – Am Anfang stand der Ärger über die Schlange vor der Kinokasse. Eine halbe Stunde warten und dann ist am Ende die letzte Karte weg. Christoph Busch vom Fraunhofer-Institut für grafische Datenverarbeitung in Darmstadt ist überzeugt, dass sein Patent für eine fälschungssichere Eintrittskarte per Internet ein großer Erfolg wird.

Die zündende Idee kam Busch beim Feierabendbier, als wieder einmal die Rede auf die Kinoschlangen kam. Die Wissenschaftler ließen ihre Gedanken fliegen und wurden fündig: eine elektronische Verschlüsselung, gepaart mit einem Barcode, jener Strichfolge, mit der auch Lebensmittel an der Kasse abgerechnet werden. Allerdings hat Busch auf den so genannten 2D-Code zurückgegriffen, bei dem die Striche im rechten Winkel übereinander liegen. Auf diese Weise können viel mehr Informationen untergebracht werden.

Dieses quadratische Muster soll die Eintrittskarten der Zukunft prägen. Am Kinoeingang kann der Scanner sofort erkennen, wann das Ticket gekauft und ob es schon einmal vorgezeigt wurde. Die Karten können mit jedem Drucker zu Hause ausgedruckt und sogar gefaxt werden.

Im Kulturzentrum »Centralstation« in Darmstadt hat diese Zukunft bereits begonnen. »Dort kann ich noch eine Stunde vor Veranstaltungsbeginn eine Karte aus dem Internet ausdrucken lassen«, begeistert sich Busch. Als er seinem Freund Alexander Marschall, einem der Geschäftsführer der »Centralstation«, die Erfindung zeigte, war dieser wenig begeistert. »Ich wollte nicht schon wieder ein neues Ticketsystem einführen.« Inzwischen ist er völlig überzeugt.

»Natürlich versuchen immer wieder Besucher, mit einer kopierten Karte hereinzukommen, vor allem bei ausverkauften Veranstaltungen«, erzählt Marschall. Sie werden dann freundlich an die Kasse geschickt und müssen sich dort unangenehmen Fragen stellen. »Von 50 Betroffenen kommt nur einer unten an, die anderen geben ihr Vorhaben auf«, sagt Marschall. Den Code zu knacken, hält er für fast unmöglich. »Dafür müssten alle Rechner der Welt drei Jahre lang rechnen und dieser Aufwand ist für eine Eintrittskarte wohl wenig sinnvoll.«

Bei der »Centralstation« nutzen auch die Vorverkaufsstellen den Internetverkauf. Damit sind die Zeiten vorbei, in denen einige Vorverkaufsstellen auf Karten sitzen blieben, die in anderen händeringend gesucht wurden.

Ob die neue Technik ein Erfolg wird, hängt nicht zuletzt von den Kunden ab. In der »Centralstation« nutzen etwa 15 Prozent das Online-Angebot. Das größte Hindernis ist für Marschall die menschliche Psyche: Viele Kulturliebhaber steuern ihre festen Vorverkaufsstellen wegen der Ansprache an. Andere lehnen das Internet ab, eine Einstellung, die der Geschäftsführer nur allzu gut kennt: »Meine Freundin würde sich nie so eine Karte holen.«

Nach: Ingo Senft-Werner, © dpa
10.4.2001

---

1. Herr Busch arbeitet in einem
   a Haus für Frauen mit Problemen.
   b wissenschaftlichen Institut.
   c Kulturzentrum in Darmstadt.

2. Herr Busch hat eine Eintrittskarte erfunden,
   a mit der man auch Bier bezahlen kann.
   b mit der man im Internet surfen kann.
   c die man im Internet kaufen kann.

3. Das Besondere an der Eintrittskarte ist,
   a dass man sie nicht nachmachen kann.
   b dass man damit in jedes Kino kommt.
   c dass man damit auch Lebensmittel bekommt.

4. Das Kulturzentrum „Centralstation"
   a ist unzufrieden, weil viele Leute illegal ins Konzert kommen.
   b ist der erste Kunde des neuen Ticketsystems.
   c wollte das Ticketsystem sofort haben.

5. Der Erfolg des Ticketsystems hängt davon ab,
   a ob die Kunden es akzeptieren.
   b wie viele Karten bei den Vorverkaufsstellen liegen bleiben.
   c ob die Frauen das Internet benutzen.

LEKTION 10   HEIMAT EUROPA

A ▪ Schule ohne Grenzen

1 Lies den Text im Schülerbuch noch einmal und beantworte dann bitte folgende Fragen.

1. Warum unterscheidet sich der Unterricht in den verschiedenen Klassen der Europäischen Schulen stark voneinander?

   _____

   _____

2. Welche Schüler werden an den Europäischen Schulen unterrichtet?

   _____

   _____

3. Woher kommen die Lehrer?

   _____

   _____

4. Warum werden manche Schüler einzeln unterrichtet?

   _____

   _____

5. Wofür gibt es die „europäischen Stunden"?

   _____

   _____

2 Wo gibt es Europäische Schulen? Notiere die Ländernamen.

Brüssel _____	Luxemburg _____
Bergen _____	Mol _____
Culham _____	Varese _____
Karlsruhe _____	München _____

76 sechsundsiebzig LEKTION 10

3 Welche Wörter kannst du mit den folgenden Silben bilden?

AUF – BAHN – BE – CHE – DER – DES – FUNGS – GA – GAR – HOF – KIN – LAN – LAUF – PAU – PRÜ – SCHUL – SEN – SPRA – TEN

1. Die Sprache eines Landes ist die _____
2. Davor hat jeder Schüler etwas Angst: _____
3. Die kleinen Kinder findet man dort: _____
4. In den Pausen treffen sich dort die Schüler: _____
5. Da muss jeder durch: _____

4 Europaschulen. Ergänze die Endungen der Indefinitpronomen.

1. Wo ____ Lehrer viel____ Länder Kinder viel____ Länder unterrichten.
2. Wo viel____ Lehrer viel____ Länder viel____ Kinder viel____ Länder unterrichten.
3. Wo viel____ Kinder viel____ Länder von viel____ Lehrern viel____ Länder unterrichtet werden.

5 Die Grundsatzerklärung. Ergänze den Text.

blühendes – Europäer – Kindheit – Kulturen – Land – Vorurteilen – vereintes – vollenden – zusammengehören

„Zusammen erzogen, von _____ an von den trennenden _____ unbelastet, vertraut mit allem, was groß und gut in den verschiedenen _____ ist, wird ihnen, während sie heranwachsen, in die Seele geschrieben, dass sie _____. Ohne aufzuhören, ihr eigenes _____ mit Liebe und Stolz zu betrachten, werden sie _____, geschult und bereit, die Arbeit ihrer Väter vor ihnen zu _____ und zu verfestigen, um ein _____ und _____ Europa entstehen zu lassen."

LEKTION 10 siebenundsiebzig 77

6 Wie heißen die Partizipien I und II der Verben? Mache eine Tabelle.

heranwachsen – vereinen – vereinigen – blühen – entstehen – trennen – belasten – vertrauen – betrachten

Infinitiv	Partizip I	Partizip II
heranwachsen	heranwachsend	herangewachsen

7 Ergänze die passenden Verben im Partizip I oder II. Verwende dabei Verben aus Aufgabe 6.

1. Mit _____ Kraft können wir das Problem lösen.

2. Es sind immer wieder die _____ Vorurteile, die die Verständigung der Völker erschweren.

3. _____ Jugendliche sind voller Erwartungen ans Leben.

4. Das Bild von den _____ Landschaften in Europa muss kein Traum bleiben.

5. Die vielen Menschen heute noch _____ Vorstellung von den souveränen National-

   staaten wird durch die eines _____ Europas ersetzt.

8 Welche Vorteile bzw. Nachteile hat eine Europäische Schule?

a) Notiere in der Tabelle.

Vorteile	Nachteile

b) Schreibe einen kurzen Text und begründe, warum du gerne (nicht gerne) auf eine Europäische Schule gehen würdest.

Ich könnte mir gut vorstellen, auf eine Europäische Schule zu gehen …

Ich glaube nicht, dass ich gerne auf eine Europäische Schule gehen würde …

B ■ Wir und Europa

1 Wortfeld „Politik"

a) Lies noch einmal Text 1 im Schülerbuch und notiere alle Begriffe zum Thema „Politik, Staat und Regierung".

das Europäische Parlament ...

b) Ergänze weitere Wörter aus diesen Bereichen, die du schon kennst.

2 Hier ist noch einmal Text 1 in leicht veränderter Form. Bei etwa jedem dritten Wort fehlt ungefähr die Hälfte. Ergänze den Text.

Das Europäische Parl_____ besteht aus Vertr_____ der Völker d____ in der Gemein_____ zusammengeschlossenen Staaten. So st____ es im Ver_____ von Rom a____ dem Jahr 1957. He____ sind 375 Millionen Europäer a____ 15 Ländern durch ih____ 626 Volksvertreter am europä_____ Aufbau beteiligt.

Im Ju____ 1979 wurde das Europ_____ Parlament erstmals in allge_____ und direkten Wah_____ gewählt. Seitdem ge____ die Bürger Eur_____ alle fünf Ja____ zur Wahl. D____ Europäische Parlament h____ durch eine ga____ Reihe von Vert_____ zunehmende Befugnisse u____ wachsenden Einfluss a____ die europäische Pol_____ erhalten. Insbesondere d____ Verträge von Maast_____ und Amsterdam ha____ das Europäische Parl_____ von einer berat_____ Versammlung in e____ Parlament mit Gesetzgebu_____ verwandelt.

3 Zwei Karikaturen. Suche dir eine aus und schreibe einen kurzen Kommentar dazu.

Und ich dachte, Europa sitzt auf einem Stier.

4 Ergänze die fehlenden Relativpronomen.

die – dem – denen – deren – deren – dessen

1. In den Ländern, _____ zur EU gehören, werden mehr als zehn Sprachen gesprochen.

2. Die Länder, _____ Regierungschefs im Jahre 2000 in Nizza zu einer Konferenz zusammenkamen, konnten sich nicht in allen Punkten einigen.

3. In Europa gibt es mehrere Länder, _____ Landessprache Deutsch ist.

4. Jeder EU-Bürger kann sich in dem Land der EU niederlassen, in _____ es ihm am besten gefällt.

5. Es gibt in Europa Länder und Regionen, in _____ mehrere Sprachen auf engstem Raum gesprochen werden.

6. Das Europäische Parlament, _____ Volksvertreter heute aus 15 Ländern kommen, wurde zum ersten Mal 1979 direkt gewählt.

5 Teste dich selbst. Was weißt du über Europa?

Kreuze jeweils a, b oder c an. Wenn du im Internet suchen willst, kannst du hier anfangen:
http://www.europa.eu.int/index_de.htm

1. Das Europäische Parlament hat seinen Sitz in
   - [a] Berlin.
   - [b] Brüssel.
   - [c] Straßburg.

2. Die EU-Bürger wählen ihr Parlament alle
   - [a] 4 Jahre.
   - [b] 5 Jahre.
   - [c] 6 Jahre.

3. Die Abgeordneten des Europäischen Parlaments werden direkt gewählt. Das gilt seit
   - [a] 1979.
   - [b] 1957.
   - [c] 2002.

4. Die Währung der EU heißt
   - [a] Euro.
   - [b] Marco.
   - [c] Pfund.

5. Den Euro gibt es als Bargeld seit
   - [a] 1957.
   - [b] 1999.
   - [c] 2002.

6. Um als EU-Bürger in der EU zu reisen, braucht man
   a) keine Reisedokumente.
   b) einen Personalausweis.
   c) einen Pass.

7. „Europa" war
   a) ein Fluss in Griechenland.
   b) eine antike Währung.
   c) eine Prinzessin.

8. Der wichtigste Handelspartner der EU ist/sind
   a) Russland.
   b) VR China.
   c) die USA.

9. Zwei wichtige Gründerväter/-mütter Europas hießen
   a) Thatcher und Pompidou.
   b) Brandt und González.
   c) Adenauer und de Gaulle.

10. Der größte Freizeitpark Europas, „Eurodisney", liegt
    a) bei Paris.
    b) bei Den Haag.
    c) bei Wien.

11. Welches Land der EU gilt als Geburtsort der Demokratie?
    a) Frankreich
    b) Finnland
    c) Griechenland

12. Aus welcher EU-Sprache kommen diese Wörter im Deutschen: Büro, Journalist, Onkel?
    a) Aus dem Spanischen.
    b) Aus dem Französischen.
    c) Aus dem Italienischen.

13. Wer hat die Musik der EU-Hymne komponiert?
    a) John Lennon
    b) Claude Debussy
    c) Ludwig van Beethoven

14. In welchen Städten der EU gab es seit 1960 Olympische Sommerspiele?
    a) Rom, München, Barcelona
    b) Madrid, Helsinki, London
    c) Kopenhagen, Lissabon, Stockholm

Zusammenfassung

SO FUNKTIONIERT ES

1 Das Partizip I

Das Partizip I wird so gebildet: _____ + d

blühen   _____

lesen   _____

2 Partizipien als Adjektive

Das Partizip I wird oft als Adjektiv gebraucht. Es kann dann wie ein normales Adjektiv

dek_____ und gest_____ werden. Die Endung wird an das _____ angehängt.

Ergänze die fehlenden Endungen:

Nominativ   Das ist eine blühend_____ Landschaft.

Akkusativ   Die Menschen haben eine blühend_____ Landschaft geschaffen.

Dativ   Wir träumen von einer blühend_____ Landschaft.

Genitiv   Der Anblick einer blühend_____ Landschaft ist wunderschön.

Auch das Partizip II wird manchmal als _____ gebraucht.

Die Bildung des Partizip II kennst du vom P_____ .

Infinitiv	*Partizip I*	*Partizip II*
vereinen	_____	_____

Ergänze die fehlenden Endungen:

Nominativ   Das vereint_____ Europa hat heute etwa 375 Millionen Einwohner.

Akkusativ   In 20 Jahren wird es ein vereint_____ Europa geben.

Dativ   Im vereint_____ Europa werden über 500 Millionen Menschen leben.

Genitiv   Die Idee eines vereint_____ Europa ist schon Jahrhunderte alt.

Prüfungsvorbereitung

HÖRVERSTEHEN (DETAIL)

Du hörst einen Radiobericht über ein Postamt in München. Dazu sollst du zehn Aufgaben lösen. Höre den Bericht zweimal. Markiere beim ersten Hören (oder danach) bei jeder Aussage unten, ob sie richtig oder falsch ist. Höre dann noch einmal und kontrolliere deine Ergebnisse.

1. [R] [F] Im Postamt arbeiten nur Ausländer.
2. [R] [F] Sie müssen Briefe sortieren.
3. [R] [F] Bei manchen Briefen kann die Maschine die Adresse nicht lesen.
4. [R] [F] Frau Spors arbeitet am Computer.
5. [R] [F] Frau Spors Heimat sind die Philippinen.
6. [R] [F] Ihre Kollegen kommen aus ganz Europa.
7. [R] [F] Frau Spors findet die Arbeit mit Kollegen aus vielen Länder gut.
8. [R] [F] Herr Kukides findet die Arbeit sehr spannend.
9. [R] [F] Er sagt, dass es nicht leicht ist, einen anderen Job zu finden.
10. [R] [F] Die Arbeit mit den internationalen Kollegen gefällt ihm.

DIE LETZEN TIPPS (KURZFASSUNG)

Vorsicht: Vier von den neun Tipps sind nicht ganz richtig. Welche?

1. [R] [F] Warum mache ich die Prüfung? Sammle Gründe.
2. [R] [F] Mögliche Gründe für den Misserfolg sammeln.
3. [R] [F] Trainiere dein Fachwissen und deine Nerven.
4. [R] [F] Betone deine Stärken, aber sei auch ehrlich zu dir.
5. [R] [F] Zeitpläne machen. Nicht zu oft kontrollieren.
6. [R] [F] Alleine lernen macht stark.
7. [R] [F] Regelmäßig lernen und Pausen machen.
8. [R] [F] Die letzte Woche: schlafen, Sport, Spaziergänge und Partys!
9. [R] [F] Der letzte Tag: entspannen.

Korrigiere die falschen Tipps:

_____

_____

_____

_____

CHRONOLOGISCHE WORTLISTE

Die chronologische Wortliste enthält den Wortschatz von Lektion 1 bis 10.
Die Vokabeln sind in der linken Spalte in der Reihenfolge ihres ersten Auftretens aufgelistet. In der rechten Spalte findet sich ein Beispielsatz.
Die Vorsilben der trennbaren Verben sind *kursiv* gedruckt.

Abkürzungen und Symbole
- *Sg.* nur Singular
- *Pl.* nur Plural
- - Singular und Pluralform identisch
- " Umlaut im Plural
- * unregelmäßiges Verb
- *(A)* Akkusativergänzung
- *(D)* Dativergänzung
- *Abk.* Abkürzung bzw. Kurzform
- *cf.* vergleiche
- *Inf.* Infinitiv
- *ugs.* umgangssprachlich

LEKTION 1 DAS WIEDERSEHEN IN DRESDEN

A ■ *Jugendzentrum Checkout*

betreuen	Die Großmutter betreut heute die Kinder.
einrichten	Lola hat sich ihr Zimmer allein eingerichtet.
vermissen	Du bist schon so lange weg, ich vermisse dich!
der **Zivildienst (e)**	Statt zur Bundeswehr zu gehen, können deutsche Männer Zivildienst machen.
die **Insel (n)**	Eine Insel ist ein Stück Land im Meer.
die **Bundeswehr** *Sg.*	Bei der Bundeswehr arbeiten Soldaten.
zurzeit	Zurzeit bin ich im Urlaub.
hübsch	Das Bild gefällt mir, es ist hübsch!
ideal	Das ist nicht nur gut, das ist ideal!
der **Mediengestalter (-)** / die **Mediengestalterin (nen)**	Ein Mediengestalter arbeitet z.B. beim Fernsehen.
der **Fernsehsender (-)**	Das ZDF und die ARD sind deutsche Fernsehsender.
das **Drehbuch ("er)**	Im Drehbuch steht, was in einem Film passiert.
der **Chatroom (s)**	Lola und ihre Freunde unterhalten sich im Chatroom.
betreten*, betrat, betreten	Karl betritt das Zimmer.
worum	Worum geht es denn in dem Buch?
die **Laune (n)**	Lass mich in Ruhe, ich habe heute schlechte Laune!
kümmern	Lola kümmert sich um die Homepage und den Chatroom.
pleite *ugs.*	Annie ist pleite: Sie hat kein Geld mehr.
hassen	Ich hasse den Winter, er ist mir zu kalt.
das **Büfett (s)**	Auf dem Büfett stehen viele leckere Sachen.
die **Kamera (s)**	Bitte lächeln, da ist eine Kamera!
der **Mord (e)**	In dem Fernsehkrimi ist ein schrecklicher Mord passiert.
Gute Besserung!	Du bist krank? Ich wünsche dir gute Besserung!
mailen	Mailst du mir Lolas Adresse? Ich will ihr etwas schreiben.

	surfen	Theo sitzt am Computer und surft im Internet.
das	Forum (Foren)	Im Internet gibt es Foren zu jedem Thema.
	chatten	Lola chattet mit ihren Freunden über das Treffen in Dresden.
die	Newsgroup (s)	Eine Newsgroup diskutiert ein Thema im Internet.
das	WWW *Sg.*	WWW steht für World Wide Web.
die	Zettelwand ("e)	An einer Zettelwand findet man auch Wohnungsangebote.
	d.h. (= das heißt)	Er ist Analphabet, d.h. er kann nicht lesen und schreiben.
der	Benutzer (-)	Der 100ste Benutzer gewinnt ein Auto!
das	Beispiel (e)	Ich verstehe das nicht, gib mir mal ein Beispiel.
	eröffnen	In der Hauptstraße hat ein neuer Laden eröffnet.
	billig	In dem Laden gibt es billige Jacken.
der	Strand ("e)	Im Urlaub liege ich am Strand in der Sonne.
	auf keinen Fall	Diese Jacke ist zu teuer, ich kaufe sie auf keinen Fall.
	unsicher	Ich bin noch unsicher, ob ich die Jacke kaufen soll.
der	Preis (e)	Zu dem Preis bekomme ich woanders zwei Jacken.
	unklar	Mir ist unklar, wie das funktionieren soll.
	unwahrscheinlich	So ein Zufall ist sehr unwahrscheinlich.
	schulden	Du schuldest mir noch drei Euro.
das	Blatt ("er)	Ein Buch hat viele Blätter.
die	Äußerung (en)	Deine Äußerung ist unklar, erkläre, was du meinst!
	zum Schluss	Zum Schluss gibt es ein Eis.
	darüber	Darüber muss ich nachdenken.
das	Netz (e)	Zum WWW sagt man auch einfach Netz.
das	Link (s)	Mit einem Link komme ich auf andere Internetseiten.
die	Netiquette *Sg.*	Es ist höflich, sich im Internet an die Netiquette zu halten.
	browsen	Ich browse durch das Internet, weil ich etwas suche.
das	Usenet (s)	Im Usenet gibt es viele Newsgroups.
die	Usergroup (s)	Eine Usergroup hat bestimmte Rechte in ihrem Netz.
die	Konsole (n)	Arbeitest du an der Konsole oder ist sie frei?
	rastlos	Der rastlose Wanderer findet keine Ruhe.
die	Strophe (n)	Das Lied hat viele Strophen.
die	Weise (n)	Jeder macht das auf seine Weise.
	gelangen	Auf diesem Weg gelangt man zur Schule.
	fremd	Ich bin fremd hier und kenne niemanden.
	zappen	Er zappt durch alle Programme.
der	Zugang ("e)	Kein Zugang, betreten verboten!

B ▪ Das Treffen

das	Gemüse *Sg.*	Gemüse ist gesund!
die	Gurke (n)	Gurken esse ich gern.
der	Reis *Sg.*	Die Chinesen kochen viel mit Reis.
der	Thunfisch (e)	Wollen wir Thunfisch in den Salat tun?
	vegetarisch	Ich mag kein Fleisch, ich esse nur vegetarisch.
der	Zwiebelkuchen (-)	Zwiebelkuchen ist eine süddeutsche Spezialität.
das	Fleisch *Sg.*	Vegetarier essen kein Fleisch.
das	Hähnchen (-)	Gebratene Hähnchen sind lecker.
der	Nachtisch (e)	Zum Nachtisch gibt es Eis.
der	Pudding (s)	Ich möchte lieber Pudding zum Nachtisch.

der **Schinken** (-)		Ich esse gern ein Butterbrot mit Schinken.
bisschen		Machst du noch ein bisschen Gurke an den Salat?
schälen		Theo schält Kartoffeln und Gurken.
das **Salzwasser** *Sg.*		Kartoffeln müssen etwa 20 Minuten in Salzwasser kochen.
*ab***gießen***, goss ab, abgegossen		Nach dem Kochen gießt man die Kartoffeln ab.
fein		Schneidest du die Kartoffeln bitte in feine Scheiben?
die **Scheibe** (n)		Die Scheiben sind aber nicht alle gleich dick!
der **Würfel** (-)		Ich schneide die Gurke lieber in Würfel.
der **Zucker** *Sg.*		Zucker macht das Essen süß.
der **Pfeffer** *Sg.*		Pfeffer macht das Essen scharf.
die **Brühe** (n)		Vorsicht, die Brühe ist heiß!
der **Esslöffel** (-)		Zwei Esslöffel Zucker sind genug.
das **Öl** (e)		Braten Sie die Zwiebeln in Öl an.
verrühren		Für die Soße verrühren Sie Essig, Öl, Pfeffer und Salz.
der **Senf** *Sg.*		Würstchen mag ich am liebsten mit Senf.
*ab***schmecken**		Schmeck mal die Soße ab, ist sie so gut?
vermischen		Du musst den Salat noch mit der Soße vermischen.
*durch***ziehen***, zog durch, durchgezogen		Der Salat muss vor dem Essen eine Stunde durchziehen.
eventuell *Abk.* evtl.		Eventuell muss man noch etwas Salz dazugeben.
die **Kräuter** (das Kraut)		Petersilie und Dill sind Kräuter.
die **Petersilie** *Sg.*		Petersilie wächst sehr langsam.
der **Dill** *Sg.*		Wir haben auch Dill im Garten.
der **Schnittlauch** *Sg.*		Von den Kräutern mag ich Schnittlauch am liebsten.
die **Portion** (en)		Ich habe Hunger, gib mir eine große Portion!
mittelgroß		Für den Obstsalat nimmt man kleine oder mittelgroße Äpfel.
die **Nektarine** (n)		Die Nektarinen sind lecker.
der **Pfirsich** (e)		Pfirsiche wachsen in südlichen Ländern.
*ab***trocknen**		Nach dem Waschen muss man die Pfirsiche gut abtrocknen.
die **Apfelsine** (n)		Apfelsinen muss man schälen.
zerteilen		Er zerteilt den Apfel in vier Stücke.
die **Kiwi** (s)		Kiwis passen gut in einen Obstsalat.
die **Banane** (n)		Bananen sind krumm und gelb.
die **Erdbeere** (n)		Erdbeeren mit Sahne sind mein Lieblingsnachtisch.
der **Zitronensaft** ("e)		Zum Obstsalat gehören Zitronensaft und Zucker.
die **Glasschüssel** (n)		Ist die Glasschüssel groß genug für den Salat?
vorgestern		Vorgestern haben wir zusammen gekocht.
der **Secondhandladen** (")		Die Jacke habe ich billig im Secondhandladen gekauft.
furchtbar		Der Salat ist aber furchtbar salzig!
schmecken		Das Essen schmeckt sehr gut.
die **Speise** (n)		Welche Speise kannst du am besten kochen?
verbessern		Durch Salz lässt sich der Geschmack verbessern.
scharf		Das Chili ist aber scharf!
*auf***rollen**		Spaghetti kann man mit der Gabel aufrollen.
das **Rezept** (e)		Ich kenne ein prima Rezept für Obstsalat.
würzen		Würzen Sie die Suppe mit Salz und Pfeffer.
rühren		Unter Rühren zum Kochen bringen.
die **Paprika** *Sg.*		Paprika gibt es in rot, grün und gelb.
der **Mais** *Sg.*		Machen wir Mais oder Thunfisch an den Salat?
der **Joghurt** (s)		Unsere Katze mag Joghurt auch gern.

das	**Bund** (-)	Ich hätte gern zwei Bund Petersilie und drei Äpfel.
der	**Streifen** (-)	Schneiden Sie den Schinken in Streifen.
die	**Zutat** (en)	Welche Zutaten brauchen wir für das Essen?
	bestreuen	Am Schluss bestreuen Sie den Salat mit Schnittlauch.
	*auf*schreiben*, schrieb auf, aufgeschrieben	Ich muss mir das aufschreiben, sonst vergesse ich es.
	*an*sprechen*, sprach an, angesprochen	Sprich doch mal den Herrn an und frag ihn nach dem Weg.
	abwesend	Du bist so abwesend, an was denkst du gerade?
das	**Taschengeld** (er)	Lola bekommt mehr Taschengeld als Theo.

Zusammenfassung

der	**Zweifel** (-)	Ich habe Zweifel, ob dieser Salat schmecken wird.

LEKTION 2 NORMA

A ■ Eine Reportage über Dresden

die	**Dokumentation** (en)	Aus dieser Dokumentation habe ich viel gelernt.
	überlegen	Ich überlege mir noch, ob ich mitkommen will.
	schwenken	Die Kamera schwenkt von Norma auf die Stadt.
der	**Ausblick** (e)	Der Ausblick über die Stadt ist hübsch.
	befragen	Für eine Reportage muss man viele Leute befragen.
	nu *ugs.*	Nu, wird's bald?
der	**Wessi** (s) *ugs.*	Wessis und Ossis haben oft Vorurteile übereinander.
die	**Fußgängerzone** (n)	In der Fußgängerzone sind Autos verboten.
das	**Fräulein** (-)	Fräulein Meier ist unverheiratet.
die	**Blume** (n)	Theo schenkt Lola Blumen.
	atmen	Fische können unter Wasser atmen.
	stinken*, stank, gestunken	Puh, der Fisch ist alt und stinkt schon!
das	**Abgas** (e)	Die ganzen Abgase in der Luft sind ungesund.
das	**Volk** ("er)	In Europa gibt es viele Völker.
der	**Bürger** (-)	Die Bürger haben Rechte und Pflichten.
das	**Szeneviertel** (-)	Die Touristen schauen sich das Szeneviertel an.
die	**Wende** (n)	Nach der Wende war in Deutschland alles anders.
das	**Lokal** (e)	Ich habe Hunger, lass uns in ein Lokal gehen.
	historisch	In der Altstadt gibt es viele historische Gebäude.
die	**Innenstadt** ("e)	In der Innenstadt gibt es die meisten Kirchen.
	sperren	Die Straße ist gesperrt, Sie können hier nicht fahren.
der	**Luxuswagen** (-)	Der Luxuswagen hat insgesamt sieben Türen!
	sehenswert	Dieses Theaterstück war wirklich sehenswert.
	vorbildlich	Klaus hat gestern vorbildlich reagiert.
der	**Bau** (ten)	Der Bau dieser Kirche dauerte 300 Jahre.
	beenden	Erst in diesem Jahrhundert wurde der Bau beendet.
das	**Gemälde** (-)	Das Gemälde zeigt eine Stadt und ein Schloss.
	frei	Er fühlte sich frei wie ein Vogel.

	*erfahren**, erfuhr, erfahren	Norma hat in Dresden viel erfahren.
	*nach*denken*, dachte nach, nachgedacht	Sie denkt nach, wie sie ihre Reportage machen soll.
	besonders	Die Barockhäuser haben ihr besonders gefallen.
	*statt*finden*, fand statt, stattgefunden	Nachts finden im Szeneviertel viele Partys statt.
die	**Sehenswürdigkeit (en)**	Der Eiffelturm ist eine berühmte Sehenswürdigkeit.
die	**Region (en)**	In dieser Region gibt es nur eine große Stadt.
	schonen	Du bist krank und solltest dich schonen.
	*zu*nehmen*, nahm zu, zugenommen	Die Umweltverschmutzung nimmt immer noch zu.
der	**Politiker (-)** / die **Politikerin (nen)**	Die Politiker sollten sich darum kümmern.
	trauen (+ sich)	Traust du dich, von der Mauer zu springen?
das	**Material (ien)**	Aus welchen Materialien kann man ein Haus bauen?
	altmodisch	Meine Oma ist furchtbar altmodisch.
	spießig *ugs.*	Karierte Hosen finde ich spießig.

B ▪ *Was soll ich nur werden?*

die	**mittlere Reife** *Sg.*	Nach zehn Schuljahren hat man die mittlere Reife.
	bewerben* (+ sich), bewarb, beworben	Ich bewerbe mich um den Job.
der	**Abiturient (en)** / die **Abiturientin (nen)**	Die Abiturienten machen nach dem Schuljahr eine Party.
die	**Chance (n)**	Welche Chancen habe ich auf einen Ausbildungsplatz?
das	**Praktische** *Sg.*	In manchen Berufen ist das Praktische am wichtigsten.
die	**Theorie (n)**	Theorie und Praxis gehören zusammen.
der	**Elektriker (-)** / die **Elektrikerin (nen)**	Ein Elektriker kennt sich mit Strom aus.
	nee *ugs.*	= *nein*
die	**Glühbirne (n)**	Es ist so dunkel, weil die Glühbirne kaputt ist.
	*rein*schrauben	Schraubst du bitte eine neue Glühbirne rein?
	arrogant	Klaus ist mir unsympathisch, er ist so arrogant.
die	**Berufsschule (n)**	Während der Ausbildung geht man in eine Berufsschule.
der	**Schaltkreis (e)**	Heute haben wir in der Schule einen Schaltkreis gebaut.
der	**Widerstand ("e)**	Der Widerstand wird in Ohm gemessen.
das	**Zeug** *Sg. ugs.*	Räum doch mal das Zeug da auf!
der	**Eurokorrespondent (en)** / die **Eurokorrespondentin (nen)**	Ein Eurokorrespondent spricht mehrere Sprachen.
der	**Fremdsprachenkorrespondent (en)** / die **Fremdsprachenkorrespondentin (nen)**	Dieser Fremdsprachenkorrespondent kann Chinesisch.
	halt *ugs.*	Wenn du es nicht weißt, dann frag halt.
	erkundigen (+ sich)	Norma erkundigt sich nach dem Weg zur Altstadt.
das	**Mögliche** *Sg.*	Ich habe alles Mögliche versucht, um ihn zu finden.
	hin- und *her*schleppen	Ich will nicht nur Sachen hin- und herschleppen!
	stolpern	Klaus stolpert über einen Stock und fällt hin.
	pfeifen*, pfiff, gepfiffen	Wenn Rita pfeift, kommt ihr Hund gelaufen.
	*schief*gehen*, ging schief, schiefgegangen	Heute geht aber auch alles schief!
	verdienen	Wieviel verdient ein Elektriker im Jahr?
das	**Lernjahr (e)**	Das erste Lernjahr ist das schwerste.

die	**Lehrstelle** (n)	Oliver hat eine Lehrstelle als Koch gefunden.
die	**Großstadt** ("e)	In der Großstadt gibt es mehr Lehrstellen.
	keine großen Sprünge machen	Mit 200 Euro kann man keine großen Sprünge machen.
die	**Voraussetzung** (en)	Voraussetzung für diese Stelle ist das Abitur.
der	**Ablauf** ("e)	Nach Ablauf von zwei Tagen war die Sache entschieden.
die	**Tätigkeit** (en)	Diese Tätigkeit würde mir großen Spaß machen.
	attraktiv	Das ist ein attraktives Angebot.
die	**Anzeige** (n)	In der Zeitung stehen viele kleine Anzeigen.
der	**Flugbegleiter** (-) / die **Flugbegleiterin** (nen)	Als Flugbegleiter muss man immer freundlich sein.
die	**Hochschule** (n)	Kerstin studiert Medizin auf der Hochschule.
die	**Sicht** (en)	Die Sicht ist klar, man kann die Berge sehen.

Zusammenfassung

der	**Zuschauer** (-)	Wenn die Zuschauer sich langweilen, schalten sie um.
die	**Sicherheit** (en)	Die Sicherheit ist im Straßenverkehr sehr wichtig.
der	**Bioladen** (")	Im Bioladen gibt es ökologisches Gemüse.

LEKTION 3 FLORIAN

A ■ *Der Zivi Florian*

der	**Zivildienstleistende** (n)	Richard ist Zivildienstleistender im Altersheim.
	Abk. der **Zivi** (s)	
	anstatt	Anstatt zu lernen, spiele ich lieber.
die	**Orthopädie** (n)	Anne liegt mit einem gebrochenen Bein in der Orthopädie.
	zuteilen	Er hat mir die kleinste Portion zugeteilt!
der	**Frühdienst** (e)	Der Frühdienst ist hart, weil man um 5.30 Uhr aufstehen muss.
das	**Fieberthermometer** (-)	Dein Kopf ist ganz heiß, ich hole das Fieberthermometer.
	verteilen	Die Schwester verteilt das Essen an die Patienten.
der	**Wert** (e)	Dieser Wert liegt über dem normalen.
die	**Tabelle** (n)	Alle Temperaturen der Woche stehen in der Tabelle.
	*ein*tragen*, trug ein, eingetragen	Hast du den Wert von heute schon eingetragen?
	hinken	Mit dem gebrochenen Bein kann Anne nur hinken.
der	**Flur** (e)	Der Flur verbindet die Zimmer miteinander.
die	**Wohnung** (en)	Meine Wohnung hat fünf Zimmer, Küche und Bad.
das	**Fußgelenk** (e)	Das gebrochene Fußgelenk ist ganz dick geworden.
	erkälten	Bei dem Regen gestern habe ich mich erkältet.
der	**Schnupfen** (-)	Ich habe mir einen Schnupfen geholt.
die	**Geduld** *Sg.*	Du musst Geduld haben, in einer Woche ist es vorbei.
das	**Moped** (s)	Wieviel PS hat dein Moped?
die	**Rippe** (n)	Ich habe mir zwei Rippen gebrochen.
die	**Kopfverletzung** (en)	Diese Kopfverletzung muss sofort behandelt werden.
	röntgen	Der Arzt röntgt den Arm, um zu sehen, ob er gebrochen ist.
	begleiten	Ich begleite dich noch ein Stück auf deinem Weg.
die	**Krücke** (n)	Anne braucht zurzeit zwei Krücken zum Laufen.

	anstrengend	Wenn man krank ist, findet man alles anstrengend.
das	**Medikament** (e)	Mit diesem Medikament bist du bald wieder gesund.
die	**Bettwäsche** *Sg.*	In der Bettwäsche mit den Sternen schlafe ich am liebsten.
	wechseln	Die Handtücher solltest du jede Woche wechseln.
	praktisch	Eine Waschmaschine ist sehr praktisch.
	schwach	Nach der Operation fühlte Karen sich sehr schwach.
die	**Spritze** (n)	Ich gebe dir eine Spritze und dann spürst du nichts mehr.
	vertragen*, vertrug, vertragen	Ich vertrage keine Spritzen, mir wird schlecht davon.
die	**Bewegung** (en)	Durch vorsichtige Bewegung wird das Bein trainiert.
die	**Oberschwester** (n)	Oberschwester Hildegard ist sehr nett zu den Patienten.
	in Ordnung	Dein Bein ist in Ordnung, du kannst wieder gehen.
	*zurecht*kommen*, kam zurecht, zurechtgekommen	Ich komme auch ohne deine Hilfe zurecht!
der	**Drückeberger** (-)	Dieser Drückeberger ist zu faul zum Arbeiten!
der	**Vormittag** (e)	Am Vormittag muss ich in die Schule gehen.
	messen*, maß, gemessen	Mit einem Thermometer misst man die Temperatur.
die	**Abteilung** (en)	Diese Abteilung ist nur für Herzkrankheiten.
das	**Wartezimmer** (-)	Das Wartezimmer ist voller kranker Menschen.

B ▪ Urlaubstage auf Rügen

	verbringen*, verbrachte, verbracht	Er verbrachte seinen Urlaub in Griechenland.
	*auf*brechen*, brach auf, aufgebrochen	Je eher wir aufbrechen, desto eher kommen wir an.
die	**Planung** (en)	Wenn Norma die Planung übernimmt, dann klappt alles.
	übernehmen*, übernahm, übernommen	Darum musst du dich nicht kümmern, das übernehme ich.
	*nach*schauen	Ich schau mal nach, ob es noch regnet.
die	**Jugendherberge** (n)	In der Jugendherberge kann man billig übernachten.
	übernachten	Ich möchte lieber im Hotel übernachten.
die	**Person** (en)	Diese Preise gelten pro Person.
	ausgebucht	Das Hotel ist ausgebucht, alle Zimmer sind belegt.
	buchen	Wir buchen unseren Urlaub über das Internet.
der	**Wassersport** *Sg.*	Auf Rügen gibt es viele Möglichkeiten zum Wassersport.
das	**Windsurfen** *Sg.*	Windsurfen ist eine Wassersportart.
	verleihen*, verlieh, verliehen	Der Laden verleiht Fahrräder und Surfbretter.
das	**Surfbrett** (er)	Ich habe mein Surfbrett am Strand vergessen.
	leihen*, lieh, geliehen	Leihst du mir morgen dein Surfbrett?
	cool *ugs.*	Das Rennrad ist echt cool!
die	**Verspätung** (en)	Der Zug kam mit einer Verspätung von zehn Minuten an.
die	**Tour** (en)	Die Tour dauerte den ganzen Tag und war anstrengend.
der	**Felsen** (-)	Zum Wandern auf den Felsen braucht man gute Schuhe.
der	**Gang** ("e)	Mein Fahrrad hat drei Gänge, mein Auto hat fünf.
der	**Unterschied** (e)	Es gibt keinen Unterschied, beide Räder sind gleich gut.
	genießen*, genoss, genossen	Steve genießt den Ausblick von den Kreidefelsen.
die	**Landschaft** (en)	Florian ist die schöne Landschaft ganz egal.
der	**Wind** (e)	Am Meer weht heute ein starker Wind.
die	**Aussicht** (en)	Die Aussicht auf das Meer ist beeindruckend.
die	**Höhenangst** ("e)	Mit Höhenangst sollte man nicht in den Bergen wandern.
	*hin*setzen	Das war anstrengend, ich muss mich jetzt hinsetzen!

	steil	Der Weg auf die Felsen war schmal und steil.
	Wow! *ugs.*	Wow, hast du das gesehen, das ist ja toll!
	*an*geben*, gab an, angegeben	Gib nicht so an, das kann doch jeder!
	schwindlig	Florian wird schwindlig, wenn er auf einen Turm steigt.
	jedenfalls	Ich will jedenfalls nach Rügen fahren, das steht fest.
	Na und? *ugs.*	Na und, das ist mir doch egal!
	pünktlich	Beeil dich, ich möchte pünktlich kommen!
die	Wanderung (en)	Die Wanderung hat sieben Stunden gedauert.
die	Verbindung (en)	Die Verbindung von Dresden nach Rostock ist gut.
	*um*steigen*, stieg um, umgestiegen	Wie oft muss ich umsteigen, um nach Binz zu kommen?
	*ab*fahren*, fuhr ab, abgefahren	Der Zug ist pünktlich abgefahren.
die	Eisenbahn (en)	Die Eisenbahn kommt meistens pünktlich an.
das	Wellenbad ("er)	Wenn es regnet, gehen wir ins Wellenbad schwimmen.
	kegeln	Abends können wir auch kegeln gehen.
die	Ausrede (n)	Das glaube ich dir nicht, das ist nur eine Ausrede.
	überreden	Versuch deine Mutter zu überreden, dass du mitdarfst!
	einverstanden	Sie ist einverstanden mit unseren Reiseplänen.
der	Ausflug ("e)	Der Ausflug hat den ganzen Tag gedauert.
	*aus*leihen*, lieh aus, ausgeliehen	Katja leiht sich Marcos Fahrrad aus.
	*heim*fahren*, fuhr heim, heimfahren	Wenn der Urlaub vorbei ist, fahren wir wieder heim.
	verwenden	Wofür könnte man dieses Material verwenden?

Zusammenfassung/Prüfungsvorbereitung

die	Gesundheit *Sg.*	Nichts ist so wichtig wie die Gesundheit!
die	Grippe (n)	Carola hat Grippe und muss im Bett bleiben.
	erwarten	Ich erwarte heute einen Brief.
die	Ansage (n)	Die Ansage war zu leise, ich habe sie nicht verstanden!
der	Anrufbeantworter (-)	Heute hat mir Katja auf den Anrufbeantworter gesprochen.
die	Konferenz (en)	Die Konferenz dauerte drei Tage und war anstrengend.

LEKTION 4 STADT UND LAND

A ■ *München*

der	Stau (s)	Morgens und abends ist immer Stau auf der Autobahn.
der	Sommerschlussverkauf ("e)	Im Sommerschlussverkauf gibt es billige T-Shirts.
	drängeln	Drängeln Sie nicht so, wir warten schließlich alle!
die	Kundschaft *Sg.*	Dieses Geschäft hat immer viel Kundschaft.
	öffnen	Marco öffnete Katja die Tür und bat sie herein.
der	Sturm ("e)	Bei dem Sturm ist mir der Hut weggeflogen.
	kriegen *cf.* bekommen	Das Kind kriegt einen Bonbon von seiner Oma.
der/die	Kauflustige (n)	Die Kauflustigen suchen nach billigen Angeboten.
	beirren	Lass dich dadurch nicht beirren!
der	Handel *Sg.*	Der Handel mit exotischen Tieren ist verboten.
das	Rekordergebnis (se)	Der Verkäufer freute sich über das Rekordergebnis.
der	Streik (s)	Wegen des Streiks fahren heute keine Busse.

der **Verkehrsbetrieb** (e)	Der Verkehrsbetrieb wird durch den Streik behindert.
das **Nachtflugverbot** (e)	Das Nachtflugverbot gilt von 24 Uhr bis 5 Uhr.
lockern	Jan hatte viel gegessen und lockerte seine Hose.
endlos	Eine endlose Schlange wartete an der Haltestelle.
die **Großbaustelle** (n)	Auf der Großbaustelle wird ein Hochhaus gebaut.
der **Bereich** (e)	Das Nachtflugverbot gilt nur in diesem Bereich.
der **Anwohner** (-) / die **Anwohnerin** (nen)	Für die Anwohner ist die Baustelle sehr ärgerlich.
benachbart	Der benachbarte Wald bot gute Freizeitmöglichkeiten.
klagen	Anne klagt über Kopfschmerzen.
zusätzlich	Der Streik ist eine zusätzliche Belastung des Verkehrs.
die **Belästigung** (en)	Diese Baustelle ist eine echte Belästigung.
der **Lärm** *Sg.*	Der Lärm macht mich ganz krank!
die **Auskunft** ("e)	= *die Information*
die **Stadtverwaltung** (en)	Meine Schwester arbeitet bei der Stadtverwaltung.
rechnen	Die Kinder lernen rechnen, schreiben und lesen.
soweit	Soweit ich weiß, ist das möglich.
*auf*schlagen*, schlug auf, aufgeschlagen	Gute Tennisspieler schlagen mit 200 km/h auf.
das **Tennis-Ass** (e)	Steffi Graf war ein Tennis-Ass.
talentiert	Boris Becker war sehr talentiert.
die **Meisterschaft** (en)	Im Juni finden die Spiele um die Meisterschaft statt.
garantiert	Die Meisterschaften werden garantiert spannend!
das **Turnier** (e)	An dem Turnier nahmen Spieler aus aller Welt teil.
erstklassig	Pele war ein erstklassiger Fußballspieler.
der **Topstar** (s)	Er hält sich für einen Topstar, spielt aber nur mittelgut.
das **Viertelfinale** (-)	Acht Spieler haben das Viertelfinale erreicht.
bestreiten*, bestritt, bestritten	Die Kosten werden aus der Stadtkasse bestritten.
*aus*spielen	Das Halbfinale wird in zwei Tagen ausgespielt.
das **Feuerwerk** (e)	Zum Schluss gibt es eine Party mit Feuerwerk.
scheinen	Es scheint, als ob einer der Spieler verletzt wäre.
ausnahmsweise	Ausnahmsweise esse ich heute noch ein zweites Eis.
der **Vorgeschmack** *Sg.*	Das Spiel gibt einen Vorgeschmack auf das Endspiel.
der **Schausteller** (-) / die **Schaustellerin** (nen)	Schausteller arbeiten auf dem Jahrmarkt.
unterhalten*, unterhielt, unterhalten	Der Sänger unterhielt sein Publikum mit einem Lied.
besonderer, besondere, besonderes	Das ist eine ganz besondere Gelegenheit!
der **Leckerbissen** (-)	Knochen sind für meinen Hund ein Leckerbissen.
sobald	Ich komme, sobald ich mit der Arbeit fertig bin.
senken	Wenn sie die Löhne senken, gibt es wieder einen Streik.
traditionell	Das traditionelle Feuerwerk beendet die Festwoche.
Riesen-	Das war wirklich ein Riesenfeuerwerk!
entzünden	Vorsicht, das Material entzündet sich leicht!
erhellen	Die Lampen erhellen das Zimmer.
der **Tipp** (s)	Gib mir mal einen Tipp, was ich schreiben soll.
drin	In dem Karton ist nichts mehr drin.
der **Kult** (e)	Um diesen Film hat sich ein ganzer Kult entwickelt.
verkürzen	Ein Spiel verkürzt die Wartezeit.
der **Mörder** (-) / die **Mörderin** (nen)	Der Mörder saß über zehn Jahre im Gefängnis.
der **Latin Pop** *Sg.*	In der Disko spielen sie heute nur Latin Pop.
der **König** (e) / die **Königin** (nen)	Die Königin von England ist weltberühmt.

der **Biergarten** (")	In München gibt es viele Biergärten.	
der/die **Redselige** (n)	Im Biergarten trifft man oft Redselige.	
das **Lebensgefühl** (e)	Das Lebensgefühl ist hier ein ganz anderes als bei uns.	
menschlich	Irren ist menschlich!	
der **Körper** (-)	Dieser Zirkusartist hat einen besonders beweglichen Körper.	
versäumen	Das Fußballspiel will ich nicht versäumen!	
das **Plattenauflegen** Sg.	Katja hilft dem DJ beim Plattenauflegen.	
zuschauen	Spielst du mit oder willst du lieber nur zuschauen?	
überfallen*, überfiel, überfallen	Gestern hat ein Verbrecher die Bank überfallen.	
die **Rentnerin** (nen) / der **Rentner** (-)	Meine Oma ist seit zehn Jahren Rentnerin.	
die **Polizei** Sg.	Die Polizei hat den Dieb noch nicht gefunden.	
festnehmen*, nahm fest, festgenommen	Das ist ein Dieb, den sollte man festnehmen!	
der **Dieb** (e) / die **Diebin** (nen)	Der Dieb hatte Katja die Tasche weggenommen.	
dicht	An der Themse in England gibt es häufig dichten Nebel.	
der **Nebel** (-)	Im Nebel kann man nicht weit sehen.	
der **Bürgermeister** (-) / die **Bürgermeisterin** (nen)	Der Bürgermeister arbeitet im Rathaus.	
verhaften	Herr Kommissar, verhaften Sie diesen Dieb!	
der **Mitarbeiter** (-) / die **Mitarbeiterin** (nen)	Herr Müller hat sieben Mitarbeiter in seinem Büro.	
die **Gewerkschaft** (en)	Alle Mitarbeiter sind in der Gewerkschaft.	
empfehlen*, empfahl, empfohlen	Das Essen ist gut, ich kann es Ihnen wirklich empfehlen!	
sinken*, sank, gesunken	Wenn die Löhne sinken, streikt die Gewerkschaft.	
beschränkt	Das Angebot an Nachtflügen ist sehr beschränkt.	
die **Regelung** (en)	Diese Regelung ist für alle Mitarbeiter von Vorteil.	

B ■ Der Traum vom anderen Leben

zunehmend	Eine zunehmende Anzahl von Menschen fährt Rad.
umhören	Ich höre mich mal um, ob jemand mein Rad kaufen will.
quälen	Anne quält sich mit ihren Hausaufgaben.
der **Schneematsch** Sg.	In dem Schneematsch sind meine Schuhe nass geworden.
das **Ledersofa** (s)	Das Ledersofa passt gut zu den Sesseln.
der **Werbetexter** (-) / die **Werbetexterin** (nen)	Herr Warmke arbeitet als Werbetexter.
die **Modedesignerin** (nen) / der **Modedesigner** (-)	Eine Modedesignerin sollte gut zeichnen können.
betonen	Welche Silbe muss ich in diesem Wort betonen?
die **Inspiration** (en)	Der Künstler wartet auf eine Inspiration.
verwirklichen	Wir brauchen Geld, um unsere Pläne zu verwirklichen.
satt haben*	Ich habe die Schule gründlich satt!
der **Stress** Sg.	Zuviel Stress ist schlecht für die Gesundheit.
künstlich	Künstliche Blumen brauchen kein Wasser.
dank	Dank deiner Hilfe sind jetzt meine Hausaufgaben fertig.
flexibel	In dieser Situation muss man flexibel reagieren.
die **Ferien** Pl.	Noch zwei Wochen Schule, dann sind endlich Ferien!
sehnen	Ich sehne mich nach dem Sommer und der Sonne.
die **Eile** Sg.	Nur keine Eile, wir haben viel Zeit!

die	**WG** (s) *Abk.* von **die Wohngemeinschaft** (en)	Die fünf jungen Leute haben eine WG gegründet.
die	**Clique** (n)	Die meiste Freizeit verbringe ich mit meiner Clique.
	Servus!	Servus, wie geht's?
das	**Dorf** ("er)	Auf dem Dorf gibt es weniger Verkehr als in der Stadt.
der	**Hügel** (-)	Das Dorf liegt auf einem Hügel.
die	**Wohnküche** (n)	In einer Wohnküche kann man sitzen und essen.
	*ein*gießen*, goss ein, eingegossen	Würdest du mir bitte einen Tee eingießen?
	*an*stellen	Der Chef hat gestern eine neue Mitarbeiterin angestellt.
	lächeln	Bitte lächeln, ich will ein Foto machen!
	verlegen	Viele fremde Leute machen Anne immer verlegen.
	sicher	Sicher ist das wahr, aber trotzdem gefällt es mir nicht.
der	**Tratsch** *Sg.*	Frau Meier liebt Tratsch über alles.
	*hinzu*fügen	Ich möchte Claudias Worten noch etwas hinzufügen.
	*aus*gehen*, ging aus, ausgegangen	Wollen wir heute Abend ausgehen?
der	**Laden** (")	Der Laden ist bis 18.30 Uhr geöffnet.
	heiraten	Willst du mich heiraten?
die	**Möglichkeit** (en)	Gibt es hier die Möglichkeit, ein Fahrrad zu leihen?
der	**Sportplatz** ("e)	Die Kinder spielen auf dem Sportplatz Fußball.
	vergleichen*, verglich, verglichen	Katja und Anne vergleichen ihre Hausaufgaben.
der	**Blödsinn** *Sg. ugs.*	Red nicht so einen Blödsinn, das stimmt doch gar nicht!
die	**Droge** (n)	Alkohol, Heroin und Ecstasy sind Drogen.
der	**Elektromonteur** (e) / die **Elektromonteurin** (nen)	Der Elektromonteur überprüfte die Stromleitung.
der	**Hof** ("e)	Der Bauer auf diesem Hof hält keine Tiere mehr.
	erben	Roland hat viel Geld von seiner Tante geerbt.
das	**Image** (s)	Die Landwirtschaft hat kein gutes Image mehr.
	überzeugen	Ich bin überzeugt, dass du es schaffen wirst.
	ökologisch	Es ist nicht ökologisch, wenn ein Bauer nur Mais hat.
der	**Landbau** *Sg.*	Sind diese Äpfel aus ökologischem Landbau?
	fordern	Die Streikenden fordern mehr Lohn.
der	**Schneemann** ("er)	Im Winter bauen die Kinder einen Schneemann.
	klettern	Florian klettert auf die Kreidefelsen.
der	**Bach** ("e)	Der Bach fließt vom Berg ins Tal.
die	**Tierhaltung** (en)	Bauer Mayer hat mit der Tierhaltung aufgehört.
die	**Gefährdung** (en)	Die Abgase stellen eine Gefährdung der Umwelt dar.

LEKTION 5 MEDIENGESCHICHTEN

A ■ Vom Meißel zur Maus

der	**Meißel** (-)	Mit dem Meißel kann man auf Stein schreiben.
der	**Hirsch** (e)	Der Hirsch lebt im Wald.
	speichern	Ein Computer kann sehr viele Informationen speichern.
die	**Zeichnung** (en)	Auf der Zeichnung kann ich gar nichts erkennen.
	jagen	Der Hund jagt die Katze auf den Baum.
die	**Schrift** (en)	Chinesische Schrift kann ich nicht lesen.
	erfinden*, erfand, erfunden	Der Computer wurde im 20. Jahrhundert erfunden.

das **Ding** (er) *ugs.*	Was sind denn das für komische Dinger?
die **Schreiberei** (en) *ugs.*	Von der Schreiberei tut mir die Hand weh.
die **Keilschrift** (en)	Heute kann fast niemand mehr Keilschrift lesen.
die **Tontafel** (n)	Keilschrift schrieb man auf Tontafeln.
die **Urkunde** (n)	Nach seiner Ausbildung bekommt Jan eine Urkunde.
der **Sklave** (n) / die **Sklavin** (nen)	Im Mittelalter gab es viele Sklaven.
die **Immobilie** (n)	Häuser und Grundstücke sind Immobilien.
bereits	Ich habe bereits zwei Lehrjahre hinter mir.
die **Bibliothek** (en)	In der Bibliothek findet man Bücher zu jedem Thema.
das **Altertum** *Sg.*	Das Altertum endete 476 n. Chr.
der **Ton** *Sg.*	Aus Ton kann man Teller und Schüsseln machen.
das **Palmblatt** ("er)	Robinson baut sich ein Dach aus Palmblättern.
der **Papyrus** (i)	Als es noch kein Papier gab, schrieb man auf Papyrus.
das **Pergament** (e)	Dieses alte Pergament ist schon ganz dünn.
die **Schufterei** (en) *ugs.*	Diese Hausaufgaben waren eine ganz schöne Schufterei!
*mit*teilen	Der Lehrer teilt der Klasse die Ergebnisse der Arbeit mit.
*ab*schreiben	Der Lehrer passt auf, dass niemand abschreibt.
Gott sei Dank!	Gott sei dank, ich habe eine Drei!
der **Buchdruck** *Sg.*	Die Erfindung des Buchdrucks war eine Revolution.
beweglich	Wer Sport treibt, bleibt beweglich!
der **Buchstabe** (n)	Wie viele Buchstaben hat das Alphabet?
*her*stellen	Diese Brille wurde in Japan hergestellt.
das **Monopol** (e)	Die Post hat noch immer das Monopol für Briefe.
übertragen*, übertrug, übertragen	Der Computer überträgt die Daten in wenigen Sekunden.
gelingen*, gelang, gelungen	Es gelingt mir einfach nicht, diese Aufgabe zu lösen!
die **Rechenmaschine** (n)	Vor den Taschenrechnern gab es Rechenmaschinen.
besitzen*, besaß, besessen	Besitzt du einen Computer?
die **Leistung** (en)	Für gute Noten muss man gute Leistungen bringen.
tragbar	Florian nimmt sein tragbares Radio mit nach Rügen.
mühelos	Mühelos kletterte Steve auf den hohen Felsen.
notfalls	Notfalls rufen wir deine Mutter an und bitten um Hilfe.
klopfen	Hör mal, es klopft an der Tür!
das **Handy** (s)	Im Theater muss man sein Handy ausmachen.
die **US-Armee** (n)	Die US-Armee ist eine der größten der Welt.
der **Militär** (s)	Wer nicht zum Militär geht, macht Zivildienst.
die **Universität** (en)	Nach der Schule werde ich an der Universität studieren.
die **Datenübertragung** (en)	Der Computer ist jetzt mit der Datenübertragung fertig.
nutzen	Nutze deine Möglichkeiten!
der **Raum** ("e)	Die Wohnung hat vier Räume.
der **Zusammenhang** ("e)	Die Note steht in Zusammenhang mit der Leistung.
die **Post** *Sg.*	Ich bringe den Brief noch heute zur Post.
verschicken	Kevin verschickt Postkarten in alle Welt.
recherchieren	Ich gehe in die Bibliothek, um zu recherchieren.
*dar*stellen	Dieser Text stellt die Geschichte der Medien dar.
nachdem	Nachdem der Brief im Kasten war, fühlte er sich besser.
unbegrenzt	Amerika ist das „Land der unbegrenzten Möglichkeiten".
die **Runenschrift** (en)	Die Zeichen auf dem Holzstock sind Runenschrift.
die **Hieroglyphe** (n)	Die Ägypter haben Hieroglyphen geschrieben.
die **Zeichensprache** (n)	Weil er nicht sprechen kann, benutzt er Zeichensprache.
der **Indianer** (-) / die **Indianerin** (nen)	Manche Indianer haben in Zelten gewohnt.

B ■ Talkshow „Milchstraße 4"

*auf*zeichnen	Ich bin nicht da, aber ich zeichne die Sendung mit dem Videorekorder auf.
senden	Der Spielfilm wird im ZDF gesendet.
wahnsinnig	Du bist wohl wahnsinnig, was soll der Blödsinn?
die **Illustrierte** (n)	In Illustrierten steht nur langweiliges Zeug, finde ich.
veraltet	Diese Schriftzeichen sind veraltet, es gibt sie nicht mehr.
die **Kleinanzeige** (n)	In der Kleinanzeige wird ein Sofa für 40 Euro angeboten.
gezielt	Ich lese gezielt nur die Angebote in der Zeitung.
die **Theaterkritik** (en)	Die Theaterkritiken interessieren mich nicht.
die **Lokalnachrichten** *Pl.*	In den Lokalnachrichten steht, was hier bei uns passiert.
kalt	Das interessiert mich nicht, das lässt mich kalt.
die **Unabhängigkeit** (en)	Meine Unabhängigkeit ist mir wichtig.
der **Flohmarkt** ("e)	Ich habe zwei alte Bücher auf dem Flohmarkt gekauft.
*ab*hängen*, hing ab, abgehangen	Der Preis hängt von der Menge ab.
die **Entfernung** (en)	Die Entfernung zwischen Erde und Sonne ist sehr groß.
die **Untersuchung** (en)	Für diese Untersuchung wurden 2000 Menschen befragt.
aggressiv	Pass auf, der Hund ist aggressiv!
*vor*werfen*, warf vor, vorgeworfen	Ich werfe dir das nicht vor, du bist nicht schuld daran.
durcheinander bringen*	In der Aufgabe habe ich alles durcheinander gebracht.
das **Flugblatt** ("er)	Andreas verteilt Flugblätter in der Fußgängerzone.
der **Briefumschlag** ("e)	Hast du einen Briefumschlag für mich?
die **Briefmarke** (n)	Ich möchte zehn Briefmarken zu 1 Euro.
*darauf*kleben	Du musst noch eine zweite Marke daraufkleben.
der **Briefkasten** (")	Entschuldigung, wo finde ich den nächsten Briefkasten?
wert sein*	Diese Uhr ist mindestens 500 Euro wert.
dagegen	Es gibt viele Argumente dagegen und wenige dafür.
solange	Ich kenne Jan schon solange ich denken kann.
*herum*spielen	Kevin, spiel nicht mit deinem Essen herum!
*ein*steigen*, stieg ein, eingestiegen	Steig schnell ein, der Zug fährt gleich ab!
die **Unordnung** (en)	Mein Zimmer ist total in Unordnung.
überflüssig	Werbung ist überflüssig, die glaubt sowieso keiner.
der **Unsinn** *Sg.*	Im Fernsehen wird oft großer Unsinn erzählt.
der **Absender** (-)	Der Absender hat den Brief geschrieben.
der **Empfänger** (-)	Der Empfänger bekommt den Brief.
das **Datum** (Daten)	Welches Datum ist heute?

Zusammenfassung

miteinander	Die Hunde spielen miteinander.
der **Befehl** (e)	Beim Militär werden Befehle gegeben.
das **Höhlenbild** (er)	Ein Höhlenbild zeigt oft Tiere, die man essen kann.
die **Spurensuche** (n)	Der Indianer machte sich auf die Spurensuche.

LEKTION 6 IN MÜNCHEN

A ■ Ein Nachmittag am Chinesischen Turm

mitten	Mitten in der Stadt ist eine große Wiese.
der **Single** (s)	In der Stadt leben mehr Singles als Familien.
das **Liebespaar** (e)	Romeo und Julia sind ein Liebespaar.
der **Jogger** (-)	Der Jogger trainiert für den Marathon.
neugierig	Katzen sind neugierige Tiere.
einsam	Ich bin einsam, ich habe keine Freunde.
bevölkern	New York ist eine dicht bevölkerte Stadt.
die **Badehose** (n)	Max zieht seine Badehose an und geht schwimmen.
der **Bikini** (s)	In den Urlaub nehme ich zwei Bikinis mit.
sonnen (+ sich)	Laura liegt am Strand und sonnt sich.
der **Beamte** (n) / die **Beamtin** (nen)	Ein Beamter arbeitet für den Staat.
beleidigt	Sei nicht beleidigt, es war doch nur Spaß!
meinen	Was meinst du, soll ich diesen Bikini kaufen?
ertragen*, ertrug, ertragen	Ich kann diesen Lärm nicht länger ertragen!
erwidern	„Ich weiß es nicht", erwiderte der Mann.
allmählich	Allmählich lerne ich, wie das geht.
*hin*hören	Die Lehrerin erklärte etwas, aber Kai hörte gar nicht hin.
ermuntern	Die Mutter ermunterte die Kinder zu spielen.
der **Eichkätzchenschweif** (e)	Eichkätzchenschweif ist ein schwieriges Wort.
der **Schwanz** ("e)	Der Hund wedelt mit dem Schwanz.
das **Eichhörnchen** (-)	Das Eichhörnchen kletterte von Baum zu Baum.
das **Ding** (e)	Über manche Dinge streiten sich Anne und Pia immer.
Ausgerechnet!	Ausgerechnet heute muss mein Fahrrad kaputt gehen!
warten	Endlich, ich habe schon zwei Stunden auf dich gewartet.
von wegen	Von wegen! Das stimmt doch gar nicht!
spotten	Spotte nicht, das hätte dir auch passieren können.
die **Viertelstunde** (n)	Eine Viertelstunde hat 15 Minuten.
der **Gastgeber** (-)	Der Gastgeber öffnet die Tür und begrüßt die Gäste.
die **Hausfrau** (en)	Die Hausfrau hat das Essen für ihre Gäste gekocht.
die **Gewohnheit** (en)	Das tägliche Joggen ist mir zur Gewohnheit geworden.
*auf*fallen*, fiel auf, aufgefallen	Ein grüner Fleck auf einem grünen Kleid fällt nicht auf.
üblich	Wir machen es so, wie es hier üblich ist.
im Freien	Ein Picknick ist ein Essen im Freien.
der **Schachspieler** (-)	Die Schachspieler denkt nur an dieses Spiel.
der **Park** (s)	Die Kinder spielen auf der Wiese im Park.
das **Schachbrett** (er)	Hol das Schachbrett raus und lass uns spielen!
das **Picknick** (s)	Für das Picknick habe ich einen Kuchen gebacken.
*ein*packen	Hast du auch den Salat eingepackt?
grillen	Bei dem Picknick heute wollen wir Würstchen grillen.
der **Grill** (s)	Die Würstchen braten auf dem Grill.
blättern	Er blättert die Seite in seinem Buch um.
der **Cousin** (s) / die **Cousine** (n)	Mein Cousin ist der Sohn meines Onkels.
*ein*halten*, hielt ein, eingehalten	Kai will seinen Zeitplan einhalten.
der/die **Bekannte** (n)	Gestern habe ich einen alten Bekannten wieder getroffen.
die **Begrüßung** (en)	Zur Begrüßung sagt man „Guten Tag".

die **Kälte** *Sg.*	Bei der Kälte bleibt der Schneemann lange stehen.
distanziert	Sei nicht so distanziert, wir kennen uns doch gut!
das **Händeschütteln** *Sg.*	Das Kind winkt, weil es das Händeschütteln nicht mag.
*an*reden	Fremde Leute redet man mit „Sie" an.
die **Verabredung** (en)	Sie kommt pünktlich zu ihrer Verabredung.
das **Eisbein** (e)	Das Eisbein ist mir zu fett!
das **Sauerkraut** *Sg.*	Würstchen mit Sauerkraut sind mein Lieblingsessen.
das **Abendkleid** (er)	Das lange Abendkleid ist sehr schön.

B ■ Blasmusik und bayerische Schmankerl

die **Blasmusik** *Sg.*	Bayern lieben Blasmusik.
das **Schmankerl** (-)	Zum Picknick hat Eva leckere Schmankerl mitgebracht.
die **Volksmusik** *Sg.*	Meine Oma hört gern Volksmusik.
die **Weißwurst** ("e)	Weißwürste sind eine bayerische Spezialität.
das **Schwärmen** *Sg.*	Bei dem guten Essen kann man ins Schwärmen kommen.
die **Schweinshaxe** (n)	Die Schweinshaxe isst man mit Senf.
höchstens	Er darf höchstens etwas Salat essen.
das **Mineralwasser** (-)	Ich hätte gerne ein Mineralwasser.
Um Gottes willen!	Um Gottes willen, iss doch nicht so viel!
Wo gibt's denn sowas?	Ein Bayer, der kein Bier trinkt? Wo gibt's denn sowas?
*fort*fahren*, fuhr fort, fortgefahren	Felix macht eine Pause und fährt dann fort zu lesen.
*ab*lenken	Deine Musik lenkt mich von den Hausaufgaben ab.
der **Leberkäse** *Sg.*	Leberkäse mit Bratkartoffeln ist lecker.
Wo kämen wir da hin?	Wo kämen wir da hin, wenn es keine Schule mehr gäbe?
begeistert	Eva ist begeistert von ihrer neuen Lehrerin.
der **Grog** (s)	Wenn mein Vater erkältet ist, trinkt er immer heißen Grog.
inzwischen	Die n-Deklination habe ich inzwischen begriffen.
verabschieden	Er verabschiedete sich und ging.
unter sich sein*	Du kannst frei sprechen, wir sind hier unter uns.
sich an etwas stören	An der Kälte in Deutschland darf man sich nicht stören.
mindestens	Ich will mindestens eine Zwei in Mathe schreiben.
*zurück*geben*, gab zurück, zurückgegeben	„Frag doch selber", gab er wütend zurück.
das **Gefühl** (e)	Angst und Freude sind Gefühle.
umarmen	Eva umarmt Anne und gratuliert ihr zum Geburtstag.
die **Umweltkatastrophe** (n)	Jeden Tag hört man von neuen Umweltkatastrophen.
das **Waldsterben** (-)	Die Deutschen nehmen das Waldsterben sehr ernst.
*ein*stellen	Stell dich auf eine lange Fahrt ein.
vor allem	Es kommt vor allem auf die Einstellung an!
gut/schlecht drauf sein*	Du bist aber heute schlecht drauf!
programmieren	Ich programmiere den Videorekorder.
die **Paella** (s)	Paella ist ein typisch spanisches Essen.
das **Hühnchen** (-)	Morgen gibt es Hühnchen mit Reis.
das **Kaninchenfleisch** *Sg.*	In Frankreich isst man mehr Kaninchenfleisch als hier.
die **Meeresfrüchte** *Pl.*	Meeresfrüchte sind immer in der Paella.
der **Alkohol** (e)	In Bier und Wein ist Alkohol.
die **Wärme** *Sg.*	Die Katze liegt in der Sonne und genießt die Wärme.
die **Hygiene** (n)	Zähneputzen gehört zur Zahnhygiene.

der **Schiedsrichter** (-) / die **Schiedsrichterin** (nen)	Der Schiedsrichter gibt den Spielern die Punkte.
die **Demokratie** (n)	In der Demokratie hat ein König nichts zu sagen.
das **Shampoo** (s)	Mit Shampoo wäscht man sich die Haare.
der **Nachbar** (n) / die **Nachbarin** (nen)	Die neue Nachbarin ist ganz schön neugierig.
der **Ausländer** (-) / die **Ausländerin** (nen)	Jeder ist ein Ausländer – fast überall.
*ab*stammen	Lasse sagt, er stammt von den Wikingern ab.
der **Volksstamm** ("e)	Germanen, Goten und Franken sind Volksstämme.
die **Disziplin** (en)	Zum Vokabellernen braucht man Disziplin.
baltisch	Litauisch und Lettisch sind baltische Sprachen.
die **Erfindung** (en)	Der Buchdruck war eine prima Erfindung.
das **Latein** *Sg.*	Morgen schreiben wir in Latein eine Klausur.
das **Griechisch** *Sg.*	In dieser Schule lernt man sogar Griechisch.
das **Gericht** (e)	Paella ist ein spanisches Gericht.
der **Bestandteil** (e)	Nudeln sind ein Bestandteil vieler italienischer Gerichte.
die **Speisekarte** (n)	Das Restaurant hat eine phantastische Speisekarte.
*an*bauen	Dieser Bauer baut Mais und Kartoffeln an.
die **Maultasche** (n)	Gestern habe ich in Stuttgart Maultaschen gegessen.
entweder – oder	Entweder du gehst oder ich.
die **Pirogge** (n)	In dem russischen Restaurant gibt es leckere Piroggen.
die **Ravioli** *Pl.*	Zum Essen gibt es heute nur eine Dose Ravioli.
die **Kehrwoche** (n)	In Berlin gibt es keine Kehrwoche mehr.
die **Sauberkeit** *Sg.*	Unser Vater ist sehr für Sauberkeit und Ordnung.
*ein*führen	Die Kehrwoche wurde von Napoleon eingeführt.
die **Verwaltung** (en)	In der Verwaltung der Stadt arbeiten viele Beamte.
das **Vorbild** (er)	Der Chef ist ein schlechtes Vorbild für seine Mitarbeiter.
das **Hospital** ("er)	= *das Krankenhaus*

Zusammenfassung

der **Hase** (n)	Die Hasen springen auf der Wiese herum.
der **Diamant** (en)	Dieser Diamant hat mindestens zwei Karat.
der **Demokrat** (en)	In Amerika regieren mal Demokraten, mal Republikaner.
mogeln	Der Schiedsrichter passt auf, dass niemand mogelt.
stur	Sei doch nicht so stur und gib nach.
*an*passen	Er hat sich ihren Gewohnheiten angepasst.

LEKTION 7 SO VIEL FREIZEIT

A ■ *Freizeitbeschäftigungen*

die **Beschäftigung** (en)	Meine Lieblingsbeschäftigung ist Radfahren.
das **Modellflugzeug** (e)	Dieses Modellflugzeug ist nur 30 cm lang.
stürzen	Anne ist gestürzt und hat sich das Bein gebrochen.
das **Ferienlager** (-)	Die Kinder verbringen den Urlaub im Ferienlager.
das **Risiko** (en)	Je schneller man fährt, desto höher ist das Risiko.
überwinden*, überwand, überwunden	Er hat seine Angst überwunden.

	basteln	Meine kleine Schwester bastelt gern.
der	Modellbau (ten)	Auf seine Modellbauten ist er sehr stolz.
	einerseits ... andererseits	Einerseits stimmt das, andererseits stimmt es auch nicht.
	unabhängig	Geld macht unabhängig.
die	Weite (n)	Steve gefällt die Weite des Meeres.
	*herum*hängen*, hing herum, herumgehangen	Jetzt hängst du schon seit Tagen nur herum!
der	Einfall ("e)	= *die Idee*
die	Probe (n)	Die Probe der Band findet morgen um 3 Uhr statt.
die	Stadthalle (n)	Die Theatergruppe tritt in der Stadthalle auf.
das	Ziel (e)	Sie hat ihr Ziel erreicht.
	vor kurzem	Das habe ich vor kurzem gehört.
der	Musikproduzent (en)	Der Musikproduzent will eine Platte mit ihr aufnehmen.
die	Bundesligamannschaft (en)	Die Bundesligamannschaft trainiert hart.
der	Torwart (e)	Der Torwart hat den Ball gehalten.
der	Fußballverein (e)	Marc trainiert im Fußballverein.
die	Literatur (en)	Die asiatische Literatur ist sehr interessant.
der	Autor (en)	Der Autor hat ein neues Buch geschrieben.
der	Spieltermin (e)	Der nächste Spieltermin ist am Sonntag.
	riskant	Gleitschirmfliegen kann manchmal riskant sein.
das	Freeclimbing *Sg.*	Beim Freeclimbing braucht man starke Finger.
das	Seil (e)	Hoffentlich hält das Seil!
der	Wolf ("e)	Ein Wolf sieht aus wie ein wilder Hund.
die	Schildkröte (n)	Die meisten Schildkröte sind langsam.
der	Windhund (e)	Der Windhund ist der schnellste Hund.
die	Eule (n)	Eulen können im Dunkeln sehen.
der	Fuchs ("e)	Der Fuchs hat einen langen Schwanz.
das	Faultier (e)	Das Faultier kann an seinem Schwanz hängen.
der	Adler (-)	Adler sehen viel besser als Menschen.
	wovor	Wovor hast du Angst?
	davor	Ich habe Angst davor, zu stürzen.
das	Feuer (-)	Robinson wärmt sich am Feuer.
die	Primaballerina (s)	Die Primaballerina tanzt Ballett.
	*nach*spielen	Er spielt einen Song der Beatles nach.

B ■ Fan und Fußballstar

die	Revanche (n)	Nach der Revanche stand es 1:1.
	es geht* um	Heute geht es um alles!
	erlauben	Die Mutter erlaubt ihm, ins Kino zu gehen.
	schlicht	Sie trug ein schlichtes Kleid.
der	Fanclub (s)	Der ganze Fanclub sah das Fußballspiel an.
	schießen*, schoss, geschossen	Endlich schoss Effenberg ein Tor.
	investieren	Er hatte viel Geld in Aktien investiert.
	unfair	Dieser Schiedsrichter ist unfair.
die	Regionalliga (en)	Mein Bruder spielt schon in der Regionalliga.
der	Teufel (-)	Der Teufel soll dich holen!
die	Hölle (n)	In der Hölle soll es warm sein.
	übrig	Von dem Essen ist leider nichts mehr übrig.

	geringer, geringe, geringes	Die Investition stellt ein geringes Risiko dar.
	sämtliche	Sämtliche Fans hielten vor Spannung die Luft an.
die	**Nationalmannschaft (en)**	Wer spielt alles in eurer Nationalmannschaft?
	wählen	Thorsten wählt ein Gericht von der Speisekarte.
die	**Unehrlichkeit (en)**	Seine Unehrlichkeit nervt.
die	**Intoleranz** *Sg.*	Keine Toleranz gegenüber der Intoleranz!
die	**Hektik** *Sg.*	In der Stadt gibt es mir zuviel Hektik und Stress.
	ändern	Im April ändert sich das Wetter oft.
	gelassen	= *ruhig*
	bewundern	Der Junge bewundert seinen großen Bruder.
das	**Ereignis (se)**	Das Riesenfeuerwerk war ein tolles Ereignis.
die	**Entdeckung (en)**	Die Entdeckung Amerikas hat die Welt verändert.
die	**Menschheit** *Sg.*	Die Menschheit wächst schnell.
das	**Snowboarden** *Sg.*	In den Winterferien fährt Simon zum Snowboarden.
die	**Zufriedenheit** *Sg.*	Zufriedenheit ist ein schönes Gefühl.
das	**Abenteuer (-)**	Der Junge in dem Buch erlebt viele Abenteuer.
die	**Luke (n)**	Er öffnete die Luke und sah nach draußen.
	*an*schnallen	Er schnallt sich an und fährt dann los.
	*zu*trauen	Unserer Lehrerin traue ich alles zu.
der	**Stuntman (men)**	Der Stuntman stürzte sich vom Felsen ins Meer.
die	**Reklame (n)**	Für das Shampoo wird viel Reklame gemacht.
	lässig	Lässig stieg der Cowboy auf sein Pferd.
das	**Geschnetzelte** *Sg.*	Geschnetzeltes ist ein Essen mit viel Soße.
das	**Weißbier (e)**	Weißbier mag ich nicht.
die	**Schlagzeile (n)**	Das Fußballspiel machte Schlagzeilen.
	begründen	Bitte begründe deine Meinung.
das	**Mitglied (er)**	Die Mitglieder des Fanclubs feierten zusammen.
	lautstark	Sie feierten lautstark.
die	**Kraft ("e)**	Mit großer Kraft zog sich der Stuntman am Felsen hoch.
der	**Kaiser (-) / die Kaiserin (nen)**	Wilhelm II. war der letzte deutsche Kaiser.
	ungewöhnlich	Soviel Disziplin bei Schülern ist ungewöhnlich.
die	**Nebensache (n)**	Sport, das ist doch eine Nebensache.
die	**Sportart (en)**	Welche Sportarten hast du schon ausprobiert?

Zusammenfassung

worüber	Worüber lacht ihr?
wovon	Wovon hat Claudia erzählt?
hieran	Hieran erinnert ein Denkmal.
hierauf	Hierauf fing der König zu sprechen an.
hiermit	Hiermit eröffne ich das Büfett.
hiervon	Darf ich hiervon ein Foto machen?
hierzu	Ich lade Sie herzlich hierzu ein.
woran	Woran erkennt man das?
worauf	Worauf wollen Sie hinaus?
womit	Womit habe ich das verdient?
wozu	Wozu macht man das?
hierfür	Hierfür bekommst du einen Preis.
gemein	Das ist ein ganz gemeiner Verbrecher!

LEKTION 8 EIN TAG IM LEBEN DER LOLA RICHTER

A ■ Donnerstag, 3. Mai (Teil 1)

das **Tagebuch** ("er)	Lola zeigt ihr Tagebuch niemandem.
*fest*halten*, hielt fest, festgehalten	Diese Idee solltest du schriftlich festhalten.
verschlafen*, verschlief, verschlafen	Er kommt zu spät, weil er verschlafen hat.
*vor*sehen*, sah vor, vorgesehen	Wir treffen uns um 17 Uhr, wie vorgesehen.
dran sein*	Der Nächste ist dran!
*ab*wechseln (+ sich)	Regen und Sonne wechseln sich ab.
das **Wäschewaschen** *Sg.*	Wäschewaschen ist mit der Waschmaschine einfach.
bügeln	Lola bügelt ihre Bluse.
ekelhaft	Der Geruch war wirklich ekelhaft.
der **Kampfhund** (e)	Sind Kampfhunde bei euch verboten?
das **Futter** *Sg.*	Meine Katze bekommt morgens und abends Futter.
trüb	Er ist heute trüber Stimmung.
die **Aufheiterung** (en)	Zur Aufheiterung macht Eva einen Witz.
*um*drehen	Er hörte eine Stimme hinter sich und drehte sich um.
die **Cornflakes** *Pl.*	Morgens isst er Cornflakes.
männlich	Ist dieser Hund männlich oder weiblich?
scheiden*, schied, geschieden	Lolas Eltern lassen sich scheiden.
die **Nahrung** (en)	Der Mensch braucht Nahrung und Kleidung.
*ab*schaffen	Karin hat den Hund wegen ihrer Allergie abgeschafft.
schläfrig	Die Katze liegt schläfrig und faul in der Sonne.
das **Arbeitsamt** ("er)	Auf dem Arbeitsamt muss Frau Richter lange warten.
eilig	Du rennst so, hast du es eilig?
werfen*, warf, geworfen	Die Kinder werfen sich einen Ball zu.
die **Sekunde** (n)	Eine Minute hat 60 Sekunden.
das **Klassenzimmer** (-)	In welchem Klassenzimmer hat Lola heute Unterricht?
grinsen	Warum grinst der denn so frech?
verdächtigen	Die Polizei verdächtigt den Mann des Diebstahls.
der **Zettel** (-)	Anna notiert sich Evas Adresse auf einem Zettel.
das **Unglück** (e)	Ein Unglück kommt selten allein, sagt man.
drin sein*	Eine bessere Note ist ohne Lernen nicht drin.
kratzen	Die Katze kratzt sich am Ohr.
die **Stärke** (n)	Seine Stärken liegen in Sport und Mathematik.
schielen	Kannst du schielen?
das **Profil** (e)	Im Profil sieht meine Nase lang aus.
die **Wimper** (n)	Aua, ich habe eine Wimper im Auge!
eifrig	Der Lehrer möchte, dass seine Schüler eifrig lernen.
umgekehrt	Sag mal das Alphabet umgekehrt auf: Z, Y, X ...
*aus*tragen*, trug aus, ausgetragen	Der Junge steht um 4 Uhr auf und trägt Zeitungen aus.
die **Bahn-Card** (s)	Mit der Bahn-Card kosten Fahrkarten weniger.
kreuz und quer	Die Kinder liefen kreuz und quer über den Hof.
der **Inter-Rail-Pass** ("e)	Mit dem Inter-Rail-Pass kann man billig reisen.
die **Taube** (n)	Auf dem Marcusplatz in Venedig sitzen viele Tauben.
piepsen	Kleine Vögel und Mäuse piepsen.
die **Formel** (n)	$a^2 + b^2 = c^2$ ist eine Formel.
nachdenklich	Das Buch hat mich nachdenklich gemacht.

unruhig	Die Tiere sind unruhig, weil ein Unwetter kommt.
ängstlich	Ängstlich versteckte sich der Hund unter dem Sofa.
die **Streberin** (nen) / der **Streber** (-)	Der Streber hat nichts als die Schule im Kopf.
intelligent	Papageien sind intelligente Vögel.
*auf*bessern	Er bessert sein Taschengeld durch Zeitungaustragen auf.
das **Pärchen** (-)	Das Pärchen ging Hand in Hand spazieren.
der **Klassenkamerad** (en) / die **Klassenkameradin** (nen)	Zu der Party kommen alle meine Klassenkameraden.
das **Verhalten** *Sg.*	Sein Verhalten war beeindruckend.
der **Termin** (e)	Ich habe den Termin heute früh verschlafen.

B ■ Donnerstag, 3. Mai (Teil 2)

auf einmal	Auf einmal war alles anders als sonst.
das **Butterbrot** (e)	In der Pause isst er sein Butterbrot.
das **Bügelbrett** (er)	Wo sind das Bügeleisen und das Bügelbrett?
*auf*haben*, hatte auf, aufgehabt	Hast du heute viele Hausaufgaben auf?
die **Wahrheit** (en)	Lüg nicht, sag die Wahrheit!
die **Umschulung** (en)	Die Umschulung bezahlt das Arbeitsamt.
die **Web-Design-Assistentin** (nen) / der **Web-Design-Assistent** (en)	Die Web-Design-Assistentin arbeitet am Computer.
zögern	Zögern Sie nicht, mich anzurufen.
die **Sekretärin** (nen) / der **Sekretär** (e)	Die Sekretärin spricht drei Fremdsprachen.
verkalkt	Es gibt auch junge Leute, die verkalkt sind!
parat	Er hat für alles eine Erklärung parat.
im Grunde	Im Grunde bin ich froh darüber.
froh	Ich bin froh, dass ich das hinter mir habe.
*vor*haben*, hatte vor, vorgehabt	Was hast du heute Abend vor?
Jippi! *ugs.*	Jippi, ich habe eine Eins in der Arbeit!
*ein*fallen*, fiel ein, eingefallen	Ich werde mir ein Spiel für die Party einfallen lassen.
Tschau! *ugs.*	= *Tschüs*
knallen	Knallend schlägt er die Tür zu.
der **Feigling** (e)	Sei kein Feigling und trau dich!
der **Sinn** *Sg.*	Wozu soll ich das tun? Es hat ja doch keinen Sinn.
die **Schwierigkeit** (en)	Die Lösung dieser Aufgabe macht mir Schwierigkeiten.

Zusammenfassung/Prüfungsvorbereitung

die **Wut** *Sg.*	Voller Wut knallte Lola den Hörer auf die Gabel.
äußern	Er äußerte seine Meinung sehr deutlich.
die **Fähigkeit** (en)	Welche Fähigkeiten braucht man in dem Beruf?
die **Vermutung** (en)	Ihre Vermutung erwies sich als richtig.
das **Licht** (er)	Um 10 Uhr machst du das Licht aus!
töten	Im Krieg werden viele Menschen getötet.
die **Notwendigkeit** (en)	Ich sehe die Notwendigkeit dieser Umschulung nicht ein.
die **Konsequenz** (en)	Er musste die Konsequenzen seines Handelns tragen.
der **Auftrag** ("e)	In wessen Auftrag kommen Sie?
der **Zweck** (e)	Der Zweck seines Besuchs ist unklar.
das **Gerücht** (e)	An Gerüchten ist manchmal etwas Wahres.

der **Wille** (n)	Wo ein Wille ist, ist auch ein Weg.
die **Weigerung** (en)	Seine Weigerung machte sie wütend.
die **Qualifikation** (en)	Seine Qualifikationen reichen nicht aus.

LEKTION 9 ERFINDER

A ■ www.erfinderfamilie.de

die **Gießkanne** (n)	Mit einer Gießkanne gießt man Blumen.
das **Bodenventil** (e)	Das Bodenventil ist eine neue Erfindung.
*ein*bauen	Wie baut man das Ventil in die Kanne ein?
durch	Durch den Wasserdruck schließt das Ventil.
das **Eintauchen** *Sg.*	Beim Eintauchen füllt sich die Kanne mit Wasser.
die **Regentonne** (n)	Nach dem Regen ist die Regentonne voll.
strömen	Das Blut strömt durch das Herz.
der **Innenraum** ("e)	Der Innenraum des Autos ist groß.
das **Sieb** (e)	Das Sieb hält Blätter und Steinchen zurück.
die **Einlassöffnung** (en)	Das Gerät hat eine Einlass- und eine Auslassöffnung.
das **Eindringen** *Sg.*	Beim Eindringen machte der Dieb die Tür kaputt.
die **Verunreinigung** (en)	Die Verunreinigungen machen den Diamanten billiger.
das **Anheben** *Sg.*	Das Anheben einer vollen Kanne ist schwer.
die **Bewässerung** (en)	Durch gute Bewässerung wächst der Mais schnell.
der **Weg** (e)	Mach Platz, du stehst mir im Weg!
die **Kürze** *Sg.*	In Kürze sehen Sie den Film „Metropolis".
die **Decke** (n)	Anna ist kalt, gib ihr eine Decke.
übersäen	Der Himmel ist mit Sternen übersät.
wirksam	Ich weiß eine wirksame Medizin gegen Schnupfen.
verhindern	Eine Katastrophe wurde verhindert.
doppelseitig	Mit doppelseitigem Klebeband macht man Teppiche fest.
das **Klebeband** ("er)	Er schließt den Karton mit Klebeband.
der **Rand** ("er)	Steve steht am Rand des Felsens.
*auf*kleben	Er klebt eine Briefmarke auf.
wundern	Ich wundere mich, dass Toni nicht angerufen hat.
bisher	Bisher ist er noch nie zu spät gekommen.
einziger, einzige, einziges	Ich möchte ein einziges Mal eine Eins in Mathe haben.
haften	Die nassen Glasscheiben haften aneinander.
spüren	Er spürte, dass die Situation gefährlich war.
fern bleiben*	Sie zog es vor, der Feier fern zu bleiben.
erhalten*, erhielt, erhalten	Heute habe ich viele Anrufe erhalten.
*auf*setzen	Du hast deinen Hut falsch herum aufgesetzt.
*ein*legen	Zuerst muss man eine CD in den CD-Player einlegen.
der **Druckknopf** ("e)	Die Jacke hat Druckknöpfe.
die **Kappe** (n)	Mit der Kappe siehst du blöd aus!
befestigen	Wie befestigt man den Handy-Halter?
das **Labor** (s)	Für diese Erfindungen braucht man kein Labor.
motorbetrieben	Christian hat einen motorbetriebenen Rollstuhl.
die **Schubkarre** (n)	Die Schubkarre ist voller Blätter.

	*herumfahren**, fuhr herum, herumgefahren	Mit dem neuen Auto fährt er in der ganzen Stadt herum.
	erfüllen	Erfüllt diese Erfindung ihren Zweck?
	mühevoll	Früher war die Hausarbeit mühevoller als heute.
der	Holztransport (e)	Für den Holztransport brauchte man drei LKWs.
	erleichtern	Diese Erfindung erleichtert Ihnen das Leben.
	sinnvoll	Finden Sie Ihre Erfindungen wirklich sinnvoll?
der	Radius (Radien)	Der Radius ist zu klein.
	vereinfachen	Das ist zu kompliziert, man kann es vereinfachen.
der	Zirkel (-)	Sie stellt den Radius an ihrem Zirkel ein.
die	Mechanik (en)	Die Mechanik dieser Maschine verstehe ich nicht.
der	Drehgriff (e)	Wozu braucht man diesen Drehgriff?
das	Aufstreichen *Sg.*	Zum Aufstreichen der Butter brauche ich ein Messer.
die	Butter *Sg.*	Ich mache mir ein Brot mit Butter und Marmelade.
	genial	Das ist eine geniale Idee!
die	Handhabung (en)	Die Handhabung des Gerätes ist einfach.
die	Rolle (n)	Diese Rolle macht ein Muster auf die Butter.
	rollen	Der Ball rollte langsam ins Fußballtor.
die	Außentrommel (n)	Die Außentrommel ist aus Metall.
der	Hebel (-)	Der Hebel drückt die Butter aus der Rolle.
	drücken	Drücken Sie den Knopf!
	gleichzeitig	Lola kann gleichzeitig bügeln und fernsehen.
	*bestreichen**, bestrich, bestrichen	Er bestreicht sein Brot mit Butter.
	schmieren	Er schmiert sich die Marmelade an die Hose.
der	Anwendungsbereich (e)	Für diese Erfindung gibt es keinen Anwendungsbereich.
das	Altenheim (e)	Im Altenheim wohnen alte Menschen.
	ungenutzt	Er ließ die Zeit ungenutzt vergehen.
	kurz entschlossen	Kurz entschlossen packte er seine Sachen und ging.
die	Lenkrolle (n)	Mit der Lenkrolle bestimmt man die Richtung.
die	Festrolle (n)	Die Festrollen sind unbeweglich.
	montieren	Bitte montieren Sie neue Räder an meinem Auto.
die	Beschädigung (en)	Für die Beschädigung müssen Sie zahlen.
die	Grasoberfläche (n)	Der Schlitten macht die Grasoberfläche kaputt.
der	Kommentar (e)	Spar dir deinen Kommentar!
	Spaß beiseite!	Spaß beiseite, wir schreiben jetzt eine Klassenarbeit.
	oberaffencool *ugs.*	Lolas Homapage ist wirklich oberaffencool!
	umsetzen	Der Plan wird jetzt in die Tat umgesetzt.
	Hut ab! *ugs.*	Hut ab, das war eine tolle Leistung!
	fein	So ein Picknick ist eine feine Sache!
das	Kriechzeug *Sg.*	Ich hasse Ameisen und ähnliches Kriechzeug.
	heizbar	In dem Auto sind sogar die Sitze heizbar.
die	Klobrille (n)	In der Schultoilette sind alle Klobrillen kaputt.
	technisch	Das ist technisch machbar, aber nicht sinnvoll.
	brauchbar	Die Erfindung ist sehr brauchbar.
	unnütz	Ich finde diese Erfindungen alle unnütz.
die	Tropen *Pl.*	In den Tropen ist es viel wärmer als hier.
die	Säge (n)	Mit der Säge kann man Holz kleinsägen.
das	Feuerzeug (e)	Sie macht die Zigarette mit dem Feuerzeug an.
das	Fernglas ("er)	Mit dem Fernglas sucht er das Meer nach Schiffen ab.
die	Sonnencreme (s)	Du bist schon ganz rot, nimm endlich die Sonnencreme.

das **Notebook** (s)	Ein Notebook ist auf Reisen praktisch.
die **Taschenlampe** (n)	Ohne Taschenlampe geht Klaus nicht ins Dunkle.
die **Kerze** (n)	Auf dem festlich gedeckten Tisch stehen Kerzen.
ebenfalls	Ich wünsche Ihnen ebenfalls einen schönen Tag.
die **Nachfrage** (n)	Angebot und Nachfrage regeln den Handel.

B ■ *Peter Bichsel: Der Erfinder*

der **Ingenieur** (e) / die **Ingenieurin** (nen)	Der Ingenieur hat den Hausbau geplant.
der **Mechaniker** (-) / die **Mechanikerin** (nen)	Der Mechaniker montiert die Räder am Auto.
der **Schreiner** (-) / die **Schreinerin** (nen)	Ein Schreiner weiß viel über Holz.
der **Maurer** (-) / die **Maurerin** (nen)	Der Maurer baut die Hauswand aus Steinen.
das **Grammophon** (e)	Vor den Plattenspielern benutzte man Grammophone.
das **Elektrizitätswerk** (e)	Das Elektrizitätswerk versorgt die Stadt mit Strom.
*ab*spielen	Er spielt die Platte auf dem Grammophon ab.
damals	Damals hat man die moderne Technik bewundert.
berechnen	Der Ingenieur berechnet die Tiefe des Brunnens.
legen	Sie legt die Decke auf die Wiese.
die **Stirn** (en)	Peter fallen die Haare in die Stirn.
die **Falte** (n)	Kannst du bitte die Falten aus meiner Bluse bügeln?
*zerreißen**, zerriss, zerrissen	Beim Klettern zerreißt sich Steve seine Hose.
*weg*werfen*, warf weg, weggeworfen	Das brauchen wir nicht mehr, wirf es weg.
mürrisch	Mach doch nicht so ein mürrisches Gesicht.
*begreifen**, begriff, begriffen	Ich begreife diese Matheaufgabe einfach nicht!
fürchten	Die Kinder fürchten sich vor dem Gewitter.
*aus*lachen	Als Tom hinfällt, lacht Jerry ihn aus.
*zusammen*rollen	Die Katze rollt sich zusammen und schläft.
das **Warenhaus** ("er)	Im Warenhaus kann man viele Sachen kaufen.
die **Rolltreppe** (n)	Die Rolltreppe fährt vom 1. in den 2. Stock.
der **Dampf** ("e)	Aus dem heißen Wassertopf steigt Dampf auf.
das **Kästchen** (-)	Ich hebe meinen Schmuck in einem Kästchen auf.
staunen	Na, da staunst du, was?
schalten	Schalte bitte das Licht ein, es ist so dunkel!
eigenartig	Ich finde die ganze Sache höchst eigenartig.
*aus*breiten	Katja breitet ihre Zeitung auf dem Tisch aus.
chronologisch	Er ordnet die Zeitungen in chronologischer Reihenfolge.
die **Kaffeemaschine** (n)	Die Kaffeemaschine kann acht Tassen Kaffee kochen.
die **Wettervorhersage** (n)	Die Wettervorhersage für heute war falsch.
die **Pferdekutsche** (n)	Bevor es Autos gab, fuhr man in Pferdekutschen.
so tun* als ob	Tu doch nicht so, als ob du nichts wüsstest!
seither	Seither ist viel passiert.
der **Bogen** (")	Leihst du mir zwei Bögen Papier?
*vorher*sehen*, sah vorher, vorhergesehen	Er hatte es vorhergesehen und war nicht überrascht.
enttäuschen	Sie waren enttäuscht, weil es beim Picknick regnete.
verzichten	Ich verzichte freiwillig auf den Nachtisch.
schaden	Eine Tasse Kaffee kann nicht schaden.

Zusammenfassung

*an*preisen*, pries an, angepriesen	Der Erfinder preist seine Erfindung an.
Wesentlichen	Damit ist im Wesentlichen alles gesagt.
*ab*schließen*, schloss ab, abgeschlossen	Ich möchte mein Referat hiermit abschließen.

LEKTION 10 HEIMAT EUROPA

A ▪ Schule ohne Grenzen

tönen	Es tönen die Lieder, der Frühling kehrt wieder.
*aus*packen	Nach der Reise packt sie ihren Koffer aus.
die Nation (en)	Wie viele Nationen gibt es in Europa?
die Regierung (en)	Die Regierung wird gewählt.
*ab*ordnen	Der Beamte wird nach Brüssel abgeordnet.
freiwillig	Gehst du freiwillig?
die Didaktik (en)	Didaktik ist die Lehre vom Unterricht.
unterscheiden*, unterschied, unterschieden	Deutsche Schulen unterscheiden sich von französischen.
der Pädagoge (n) / die Pädagogin (nen)	Lehrer sind auch Pädagogen.
der Wissenschaftler (-) / die Wissenschaftlerin (nen)	Mein Onkel arbeitet als Wissenschaftler an der Uni.
schwören* auf, schwor, geschworen	Ich schwöre auf dieses Rezept meiner Oma.
die Wissensvermittlung (en)	Wissensvermittlung ist eine wichtige Sache.
das Nebeneinander (-)	In Brüssel gibt es ein Nebeneinander vieler Nationen.
das Bildungsideal (e)	Das Bildungsideal unseres Mathelehrers teile ich nicht.
das Vaterland ("er)	In meinem Vaterland spricht man meine Muttersprache.
spiegeln	= *hier: zeigen, verdeutlichen*
mittlerweile	Mein Bruder spielt mittlerweile schon ganz gut Klavier.
ermöglichen	Diese Schule ermöglicht eine internationale Ausbildung.
trotz	Trotz verschiedener Sprachen verstanden sie sich gut.
der Ortswechsel (-)	Bei jedem Ortswechsel verlor er Freunde.
die Schullaufbahn (en)	Nach zehn Jahren beendete sie ihre Schullaufbahn.
der Bruch ("e)	Wie willst du den Bruch in deinem Lebenslauf erklären?
der Lehrplan ("e)	Dem Lehrer gefällt dieser Lehrplan auch nicht.
errichten	Das Rathaus wurde 1889 errichtet.
der / die Angestellte (n)	In der Verwaltung arbeiten Beamte und Angestellte.
der Vertrag ("e)	Der Vertrag läuft über zwei Jahre.
der Einzelunterricht *Sg.*	Im Einzelunterricht lernt man am meisten.
eigener, eigene, eigenes	Ich habe meine eigene Meinung in der Sache.
der Anspruch ("e)	Unsere Lehrerin stellt hohe Ansprüche.
die Muttersprache (n)	Manche Menschen haben zwei Muttersprachen.
kulturell	Jeder Schüler hat einen anderen kulturellen Hintergrund.
die Identität (en)	Die Identität des Täters ist noch ungeklärt.
das Herkunftsland ("er)	Das Herkunftsland dieser Bananen ist Brasilien.
erhalten* bleiben	Dein Platz bleibt dir erhalten, auch wenn du weggehst.
stellvertretend	Ich bin stellvertretend für Karin hier, die heute krank ist.

längst	Das weiß ich doch alles längst!
das **Bewusstsein** *Sg.*	Langsam kam er wieder zu Bewusstsein.
die **höhere (n) Schule (n)**	Ein Gymnasium ist eine höhere Schule.
der **Pausenhof** ("e)	Die Kinder rennen auf dem Pausenhof herum.
der **Pass** ("e)	Um nach Amerika zu fahren, braucht man einen Pass.
der **Akzent** (e)	Er spricht Deutsch mit einem leichten Akzent.
*auf***wachsen***, wuchs auf, aufgewachsen	Sie ist in der Schweiz aufgewachsen.
grundlegend	Diese Sprachen sind grundlegend verschieden.
der **Grundstein** (e)	Feierlich wurde der Grundstein des Hauses gelegt.
versiegeln	Er versiegelte den Brief mit einer Kerze.
erziehen*, erzog, erzogen	Der Hund ist gut erzogen.
die **Kindheit** (en)	In seiner Kindheit lebte er in Italien.
das **Vorurteil** (e)	Über jede Nation gibt es Vorurteile.
unbelastet	Die Luft in den Bergen ist von Abgasen unbelastet.
vertraut	Er ist mir vertraut, ich kenne ihn gut.
*heran***wachsen***, wuchs heran, herangewachsen	Die Kinder wachsen zu Jugendlichen heran.
die **Seele** (n)	Er redet sich den Ärger von der Seele.
bereit	Ich bin bereit, mit ihm zu reden.
vollenden	Das Werk ist vollendet.
verfestigen	Die Beziehungen müssen verfestigt werden.
vereint	Mit vereinten Kräften schaffen wir es.
blühend	Auf der Wiese standen blühende Blumen.
die **Europäische Union** *Sg.*	Die Europäische Union hat 15 Mitgliedsstaaten.
die **Flagge** (n)	Die Flagge ist blau mit Sternen.
das **Europäische Parlament** *Sg.*	Das Europäische Parlament sitzt in Straßburg.
das **Merkmal** (e)	An welchen Merkmalen erkennt man einen Vogel?
die **Generation** (en)	Großmutter, Mutter und Tochter sind drei Generationen.
das **Schlagwort** ("er)	Der Katalog ist nach Schlagworten geordnet.

B ■ *Wir und Europa*

bestehen* **aus**, bestand, bestanden	Europa besteht aus vielen Ländern.
der **Vertreter** (-) / die **Vertreterin** (nen)	Jedes Land schickt seine Vertreter nach Brüssel.
der **Staat** (en)	Deutschland ist ein demokratischer Staat.
der **Volksvertreter** (-) / die **Volksvertreterin** (nen)	Im Parlament sitzen Volksvertreter aus 15 Ländern.
der **Aufbau** *Sg.*	Der Aufbau des Landes kostet viel Geld.
beteiligen	Alle beteiligen sich an der Arbeit.
erstmals	Dieser Film wurde erstmals 1950 gesendet.
allgemein	Dieses Buch ist allgemein bekannt.
letztmals	Der Dieb wurde letztmals im Mai gesehen.
die **Wahlurne** (n)	Jeder Wähler wirft seinen Zettel in die Wahlurne.
eindrucksvoll	Der Grand Canyon ist eindrucksvoll.
das **Zeichen** (-)	Auf ein Zeichen hin begannen alle zu singen.
die **Versöhnung** (en)	Zur Versöhnung gab sie ihr die Hand.
im Laufe	Im Laufe dieses Jahres hast du viel gelernt.
aufs heftigste	Sie kritisierte seine Arbeit aufs heftigste.

	bekriegen	Die beiden Staaten bekriegen sich schon seit Jahren.
	setzen (Zeichen)	Die beiden Minister setzen ein Zeichen für den Frieden.
	legitimiert	Sind Sie legitimiert für Ihren Staat zu sprechen?
die	Reihe (n)	Die Leute standen in einer Reihe und warteten.
die	Befugnis (se)	Dieser Befehl geht über Ihre Befugnisse.
	insbesondere	Ich mag Tiere, insbesondere Hunde.
	schrittweise	Man lernt eine Sprache nur schrittweise.
	beratend	Unser Lehrer steht uns beratend bei.
die	Versammlung (en)	Zu der Versammlung waren alle Vertreter gekommen.
die	Gesetzgebungsbefugnis (se)	Die Gesetzgebungsbefugnis liegt bei der Regierung.
	verwandeln	Der Frosch verwandelte sich in einen Prinzen.
die	Ebene (n)	In der Ebene kann man weit sehen.
	*wahr*nehmen*, nahm wahr, wahrgenommen	Ich nehme mein Recht zu wählen wahr.
	einheitlich	Alle sind einheitlich in Blau gekleidet.
die	Währung (en)	Der Euro ist die neue europäische Währung.
das	Guinness (-)	Guinness ist ein englisches Bier.
der	Pub (s)	Im Pub kann man etwas trinken und Darts spielen.
die	Vereinigung (en)	Die EU ist eine Vereinigung mehrerer Staaten.
	durchaus	Dieser Vorschlag ist durchaus interessant.
	erstrebenswert	Das Abitur ist ein erstrebenswertes Ziel.
die	Auswirkung (en)	Die Auswirkungen der Entscheidung sind groß.
	ehemalig	Er ist ein ehemaliger Schüler dieser Schule.
	innerhalb	Ihr müsst die Aufgabe innerhalb von zwei Stunden lösen.
	entfallen*, entfiel, entfallen	Die letzte Stunde entfällt wegen Krankheit des Lehrers.
	lästig	Ameisen beim Picknick sind lästig.
das	Umtauschen Sg.	Er bringt sein Geld zum Umtauschen in die Bank.
	befürworten	Ich befürworte diesen Plan.
der	Gesichtspunkt (e)	Diese zwei Gesichtspunkte sollten wir bedenken.
die	Währungsunion (en)	Nach der Währungsunion gibt es nur noch den Euro.
	leiden*, litt, gelitten	Carla leidet unter einer Erkältung.
die	Mentalität (en)	Jede Nation hat eine andere Mentalität.
	stoßen* *auf*, stieß, gestoßen	Im Wald stießen sie auf einen Hirsch.
der/ die	Abgeordnete (n)	Die Abgeordneten diskutieren im Parlament.
	geheim	Was in Lolas Tagebuch steht, ist geheim.
	verabschieden	Endlich wird das Gesetz verabschiedet.
die	Völkerverständigung (en)	Sprachunterricht ist gut für die Völkerverständigung.
die	Ansicht (en)	Meiner Ansicht nach ist der Plan gut.
die	Umfrage (n)	An dieser Umfrage nahmen 3000 Leute teil.
die	Spielregel (n)	Der Schiedsrichter erklärt die Spielregeln.
	*gut*schreiben*, schrieb gut, gutgeschrieben	Er schreibt dem Spieler die gewonnenen Punkte gut.
	*ab*ziehen*, zog ab, abgezogen	Er zieht verlorene Punkte ab.
der	Roman (e)	Sie liest einen spannenden Roman.
	jeweils	Beide Gruppen bekommen jeweils 11 Punkte.

Zusammenfassung/Prüfungsvorbereitung

	im Großen und Ganzen	Im Großen und Ganzen bin ich deiner Meinung.
der	Anblick (e)	Beim Anblick der Prüfungsaufgaben wurde ihr schlecht.
die	Vorbereitung (en)	Die Vorbereitungen der Party dauerten eine Woche.
	klären	Wir müssen diese Frage noch klären.
der	Wettkampf ("e)	Der Schiedsrichter eröffnete den Wettkampf.
die	Kondition (en)	Der Fußballspieler hat eine gute Kondition.
	verschaffen	Er verschaffte sich einen Vorteil.
	sowohl ... als auch	Er kann sowohl lesen als auch schreiben.
das	Fachwissen *Sg.*	Für diesen Job braucht man viel Fachwissen.
der	Nerv (en)	Du gehst mir auf die Nerven!
	*ab*laufen*, lief ab, abgelaufen	Alles läuft nach Plan ab.
	füreinander	Die beiden sind immer füreinander da.
	psychisch	Der psychische Druck vor einer Prüfung ist groß.
	vermeiden*, vermied, vermieden	Er versucht Fehler zu vermeiden.
	verunsichern	Lass dich durch die Frage nicht verunsichern.
	panisch	In panischer Angst stürzte sie aus dem Raum.
die	Arbeitssitzung (en)	Die nächste Arbeitssitzung ist morgen früh.
	entspannen	Abends entspannte er sich bei einem guten Buch.

Bildquellen

© Claus Ast, Mainz, S. 57 – © Cornelsen, Corel Library, S. 8, S. 13, S. 30, S. 33 (alle außer unten rechts), S. 49, S. 56, S. 65 (rechts), S. 80, S. 81; Garve, S. 9; Homberg, S. 4, S. 15, S. 20, S. 63 – Event Project: © Mann, S. 19 (unten) – © Globus Infografik GmbH, S. 43 – © Hanel, S. 79 (links) – © Heindl, S. 68 – © Jugendherberge Binz, S. 23 – © Keystone, S. 33 (unten rechts) – Helga Lade Fotoagentur: © Photri, S. 65 (links) – © Lässig, S. 19 (oben) – Museum der bildenden Künste Leipzig: © Gerstenberger, S. 24 – © Rohrmann, S. 39 – Die Zeit: © Murschetz, S. 79 (rechts).

Textquellen

© dpa, Ingo Senft-Werner „Tickets aus dem Internet gegen Schlangen an den Kassen", S. 75 – © Globus, „Handys hoch im Kurs", S. 43 – © Hicut/AMV Alster Zentrifugal „Computec" (Text: Bastian Böttcher), S. 6 – © Toni Vescoli, www.vescoli.ch, „Susann", S. 33.

Nicht alle Copyrightinhaber konnten ermittelt werden; deren Urheberrechte werden hiermit vorsorglich und ausdrücklich anerkannt.